幸福就是

身體的無病痛、

心靈的無憂傷。

——伊比鳩魯，《給梅諾西烏斯的信》

海獅說
歐洲王室羅曼死

神奇海獅——著
布萊絲——繪

推薦序

每個愛情童話背後都有難言的痛

謝金魚

我認識海獅的時間已經超過人生的一半了，現實中的他並不是特別浪漫，甚至常常有點解嗨，能夠接受他這麼ㄎㄧㄤ的獅婆實在了不起。但歷史上的愛情童話，他卻總能說得活靈活現，感覺就在現場；枯燥無趣的史料中，他也總是能讀出一絲潛藏的人性，這也是海獅的特異功能。

在他的新書《海獅說歐洲王室羅曼死》中，海獅選擇了八位歐洲史上的知名人物，細細地描繪他們的故事。這些人物在歐美讀者來看應該是家喻戶曉的人物，但在臺灣，讀者對於這群喬治瑪麗查理伊莉莎白的理解並不多；或許也因爲知道得不多，海獅可以更輕鬆地扣緊主軸討論，而不需要觸及每個人物與其背後複雜的歷史論戰。比起瑣碎的論述，海獅更著重在這些看似光鮮亮麗的頭銜、富貴奢華的生活背後，究竟有什麼樣的痛苦？透過海獅這位嫻熟的說書人，我們看見每一個人物都像童話中穿著火紅鐵鞋跳舞的女孩，看似優雅的每一步，其實都痛得難受。也許是不溫暖的童年，也許是被權力傾軋之下消磨的愛情，也許是無數次殘酷的拒絕，也許是愛人與親人的背叛……這些痛苦或獨立或交錯或各種排列組合出現在一個人的生命裡，又怎麼可能不讓人走向瘋狂？

但海獅無疑是一位充滿同情心的作者，他的故事中有非常多身不由己，也有非常多的不得不，閱讀時除了能讓人共感與理解之外，也能看見他輕鬆的筆調背後的同理與憐憫。

如果你想要找一個愛情童話，這本書或許不能滿足，但比起王子公主從此幸福快樂的謊言，我們或許更需要知道人性，也更需要知道環境與際遇如何將人塑造成形，即便是成長在同樣扭曲環境下的手足，也有可能有不一樣的選擇，最終也可能會有不同的命運。

這不是一部羅曼史，卻絕對是一部讓人理解人物的好書。

（本文作者爲《崩壞國文》作者）

作者序

王室童話中的哭泣臉龐

有時候，我覺得寫故事的過程就好像雕塑。

最初，你面對的是一個空白 word 檔和閃爍游標，就像雕刻家面對一大塊質地良好的原始石材。你傻住，你不知如何下手，你感覺距離終點好遠，你決定先去刷馬桶。

但就在你逃避不曉得多久之後，有時會突然像被雷打到一樣。在那被繆思吻過的一瞬，你看見了，你在石材中看見了主角的身影。

你拿起斧鑿，一點一滴地描繪出他的樣子：骨架、肌肉線條、衣服皺褶，一直到臉龐。王子與公主的樣貌越來越近、越來越清晰，但當你終於興奮地把他們的形象完美呈現出來時，你卻愣住了：

他們在哭。

爲什麼？王子與公主怎麼可能不幸福？

童話不是這樣告訴我們的。畢竟他們的生活不是充滿著香檳與橙花熱可可嗎？他們不是只要在帳單上寫「請付款」，然後簽個名，無數的華服珠寶就會自己變出來嗎？

原本我也是這樣認爲的。但直到兩年前，我第一次寫奧地利茜（ㄒㄧ）茜（ㄒㄧ）公主的故事時，我被徹底震撼了：「天啊她婆婆實在是太可怕了啊！」除此之外，面對帝國衰頹、喪女之痛、兒子殉情，最後自己被刺身亡，你會感覺好像神認爲他們還不夠淒慘似的，總是在一次打擊之後，又一次，再一次讓他們跌到谷底。

後來我發現，茜茜公主不是特例。隨著我讀了更多他們的故事，我開始對那些看似遙遠的王族產生了一種奇特的共鳴：

我們可能像英國的瑪麗，渴望掌聲，渴望愛；

我們也許像法國的凱瑟琳，不斷委曲求全，拚命「忍一時風平浪靜」；

我們更像俄羅斯的尼古拉，明明只想娶自己所愛之人，然後和她幸福一生。

這都是我們一般人會有的經歷，但在名爲「歷史」的殘酷編劇筆下，他們卻各自迎向自己的不幸。就在我爲他們的故事唏噓不已時，我也開始問自己一個問題：那，幸福，到底是什麼？

最後，我在沙皇尼古拉二世的一組生活照片中找到了。在照片中，年輕的沙皇和自己心愛的妻子、朋友，一起在鄉間嬉笑打鬧著。他們躲到井裡，他們玩騎馬打仗，他們扮醜，甚至還有皇后做鬼臉的照片（而且眞的很醜XD）。

那些照片裡，他們看起來眞的很幸福。就像我在全書最後寫的，寫完這些王子公主的故事後，我一直在想，如果問他們「人生最幸福的事情是什麼？」他們會如何回答？

我想，在經過這一切金碧輝煌之後，他們的答案可能會出乎意料的平凡：與三五好友相伴、偶一爲之的旅行、與自己所愛之人共組家庭，最重要的是，發自內心地歡笑……

這就是我想帶給大家的。讀完本書之後，如果你能稍稍看一看自己的周遭，發現幸福快樂其實早就已經在自己身邊，那麼我寫這本書的目的就達到了。

FORTUNE
INFORTUNE
FORT
UNE

她用一生來證明：治國看能力不看性別

瑪麗亞．德蕾莎

#十八世紀　#哈布斯堡王朝　#腓特烈大帝
#歐洲丈母娘　#西里西亞戰爭
#三條裙子的陰謀　#七年戰爭
#庫勒斯道夫戰役　#瑪麗安東尼

125

不用羨慕別人浮華，你不知道她得付出什麼代價

瑪麗．安東尼

#十八世紀　#瑪麗亞德蕾莎　#路易十六
#斷頭王后　#三級會議　#國民議會
#法國大革命　#路易十六出逃

157

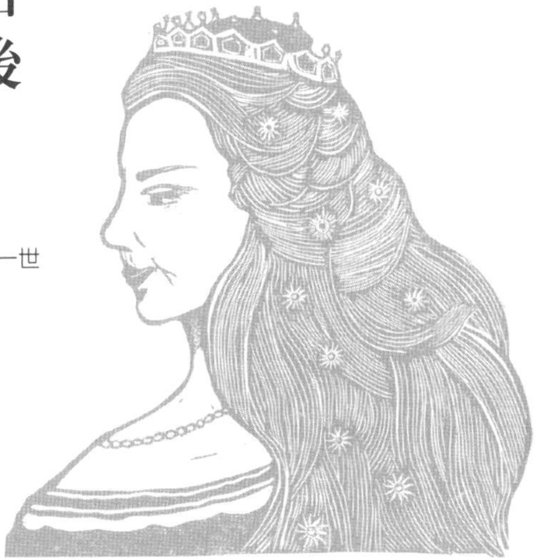

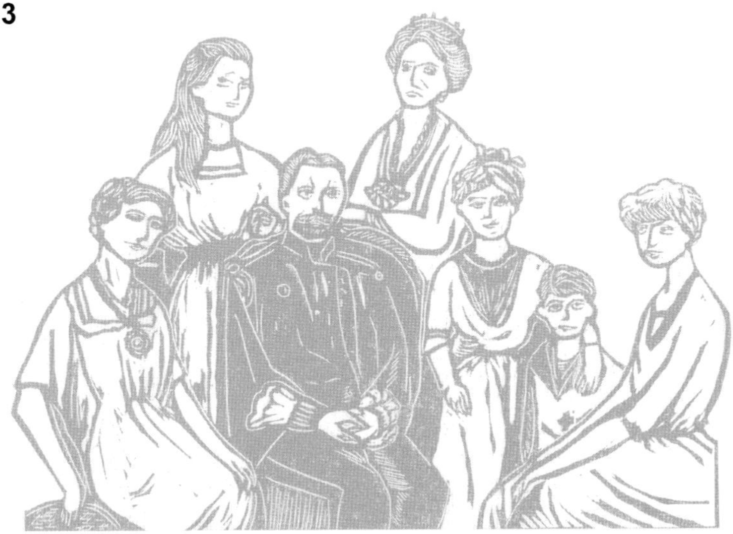

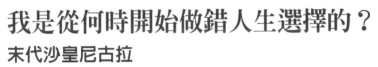

在婚姻中接連觸礁，卻在事業裡找到自我
——奧地利的瑪格麗特

童話裡總是這麼說的：「王子與公主，從此過著幸福快樂的日子。」但眞的是這樣嗎？故事要從十六世紀的一位公主——奧地利的瑪格麗特（Margarete von Österreich）開始說起。這位出身高貴、理當幸福快樂的女子，卻留下了一句經典名言：**「命運對女人是殘酷的。」**

爲什麼她會發出這樣的悲鳴呢？

大家可能都不太清楚這位「奧地利的瑪格麗特」是誰，但她老爹就有名多了：神聖羅馬帝國皇帝馬克西米連一世（Maximilian I）。在歐洲近代史上，這位皇帝最厲害的地方

就是可以不費一兵一卒，只靠婚姻和盟約，就成功讓自己的神聖羅馬帝國成爲眞正的歐洲霸主。這對帝國來說好像很不錯，但他的子女（尤其是女兒）就倒楣了。打從一出生，她們就是帝國的棋子，喜歡誰？嫁到哪裡？抱歉，完全無法自己決定。

瑪格麗特生來就是這樣的命運。她出生於一四八〇年，但出生沒多久，父親大筆一揮就決定了她的婚事：前往法國與王太子聯姻！

第一段婚姻：被人掃地出門

就這樣，三歲（對沒錯，三歲）的瑪格麗特穿起大人的黑絲絨衣裳、在纖細的頸項掛上一串珍珠項鏈，就這樣嫁給了大她十歲的法國王太子。短短兩個月後，法王駕崩，她便順理成章地繼位成爲法國王后。

當然，國政什麼的自然輪不到瑪格麗特來管。這時，她的生活眞可說是令人羨慕到了極點：每天早上起床後，就有二十多名侍女幫她更衣沐浴兼刷牙（完全全自動）；她還有自己專屬的會計、醫生、祕書。最誇張的是連洋娃娃的衣服都有專人手工縫製！

當然，瑪格麗特的教育也是不能馬虎的——梳洗完畢後，她還是得乖乖與其他貴族小孩一起讀書上學。理論上，中了娘胎樂透彩的小瑪格麗特這輩子應該就是這樣快樂無憂；但事情沒有那麼簡單，就在她嫁進法國王室七年後，她的夫婿查理八世爲了政治上的利益，硬是娶了別的女人。瑪格麗特表示：「等等，那我怎麼辦？」丈夫的回應很簡單：「嗯~那跟妳就婚姻無效吧~」

十一歲的瑪格麗特就這樣被解除婚約。老爸馬克西米連氣瘋了：「靠邀！結婚都七年了，你現在給我退婚？你當這是賞味期逆？」接著馬上宣布：「當年瑪格麗特做爲嫁妝帶去法國的土地，現在我全都要收回！」做爲報復，法國王室也把孑然一身的瑪格麗特趕出王室城堡。最後，瑪格麗特只能無奈回到自己的娘家。而就在離開法國前，她收到一份精美的告別禮（某種刺繡之類的東西），贈送者正是自己的情敵。

不過還好，回到家的瑪格麗特畢竟只有十一歲，而且還是完璧之身。老爹馬克西米連很快又決定了瑪格麗特的下一個去處：另一個歐陸強國，西班牙！

第二段婚姻：幾個月後丈夫去世

老爹對女兒這次的任務分配非常滿意，因爲這樣不但可以跟西班牙成爲姻親，而且還是親上加親：瑪格麗特的哥哥先是娶了西班牙公主，現在瑪格麗特也即將嫁給西班牙的王子。因此在她十七歲時，便帶著大量的嫁妝、珠寶前往西班牙，據說這些瓷器和珠寶的工藝之精美、價値之高，在當時幾乎沒人看過。

的確，從外人的眼光來看，瑪格麗特的第二段婚姻前景一片光明——多虧她的婆婆伊莎貝拉女王資助了一個名叫哥倫布（與其他人）的航海事業，西班牙的國勢蒸蒸日上；而長大成人的瑪格麗特也出落得更標緻。在那個以白爲美的年代裡，她一頭金色頭髮與雪白皮膚，搭配長久以來在法國宮廷習得的禮儀與教養，讓她整個人都無可挑剔。西班牙王子對她一見鍾情，沒過多久，就傳出瑪格麗特有喜的好消息！

這一切看起來是如此美好，但命運就是這麼殘酷。結婚才短短半年左右，不幸卻突然降臨——年輕的丈夫在前往一場慶典的路程中染上熱病，症狀來得又急又猛，當王儲的父親急匆匆趕到時，赫然發現：王儲已然康復無望了。

年老的父親強打起精神，安慰著自己的兒子：「一切都會好的……」兒子卻搖搖頭，一切都太晚了。「……我已經做好了離開的準備。」他現在唯一希望的，就是父親還有其他的家人能像他一樣，服從神的旨意。

但心急如焚的瑪格麗特卻不被允許見自己的丈夫。為了腹中嬰兒的安全，醫生甚至不斷對她隱瞞丈夫的病情。她知道丈夫生病了，但病得多重？她日日夜夜對神祈禱，希望能出現神蹟，最後，當她終於獲准面見丈夫時，毫不意外地被他的樣子震懾住了。

這就是……自己的丈夫？為什麼才短短幾天，一個健健康康的人就可以變成這樣？丈夫躺臥在床上，用氣若游絲、卻仍柔情蜜意的聲音向她告別。他對瑪格麗特說，希望他們未出世的孩子，能得到她的溫柔照顧。

淚流滿面的瑪格麗特此時早已無法言語。她唯一的反應，就是將自己的雙唇貼上丈夫的嘴角。但她卻驚訝地發現：丈夫的嘴唇早已冰冷，就這樣去世了。

瑪格麗特再也忍不住，放聲大哭了起來，最後在眾人的攙扶下，才終於離開了房間。葬禮過後，她整整十二天吃不下也睡不著，正因為如此，更壞的消息接踵而來：由於悲傷過度與營養不良，她生下的嬰兒竟是個死胎。

儘管瑪格麗特遭遇撕心裂肺的痛，但她的眼淚還來不及擦乾，她的父親就已看出此時的瑪格麗特既失去了丈夫，又失去了孩子，留在西班牙也沒用了。於是她再次被送回娘家，等待下一段婚姻。由於她高貴的出身、出眾的外表，追求者趨之若鶩，但她最後選擇的，卻是一個眾人都無法理解的地區：北義大利的小國薩伏依（Savoy）。

第二段婚姻：二十四歲再次守寡，此後終身不嫁

瑪格麗特的父親馬克西米連非常高興。薩伏依位在義大利與法國的交界處，這樁婚事能為家族再多贏得一塊重要的戰略要地。一五〇一年八月，薩伏依的教堂與修道院鐘聲連綿不絕，如畫的木屋上掛著彩色掛毯和紋章。二十一歲的瑪格麗特頭戴銀白色的頭紗、穿著鑲金邊的紅色天鵝絨禮服，坐在馬車上對著眾人揮手示意；而在她右手邊，則是他的夫婿：俊美又年輕的薩伏依公爵。

對瑪格麗特來說，薩伏依公爵很適合她，因為公爵成天只顧著打獵，正好給了瑪格

麗特一個最好的政治舞臺。婚後，當丈夫出去打獵時，瑪格麗特便代替自己的丈夫，打理公國上下的政府事務。兩人的幸福婚姻持續了兩年，也許對美麗的瑪格麗特來說，這就是她一生中最快樂的兩年。

但就在一五〇四年，事情發生了。

在某個炎熱的日子，公爵又出去打獵了。為了追趕一隻野豬，公爵連騎了好幾個小時的馬，直到中午才終於停了下來。此時的公爵大汗淋漓、氣喘吁吁地走到一處泉水旁，大口大口地喝了好幾口水後，坐在一旁休息。

微風徐徐，但沒過多久，公爵覺得有點冷，便起身騎馬返回。然而才一回宮，整個人便搖搖晃晃地從馬背上跌落下來。

瑪格麗特一聽到丈夫出事的消息，心臟差點就停了。她卸除丈夫身上的所有裝束，並命令人趕緊去請醫生。在接下來的幾天裡，醫生死命地幫他放血，並嘗試使用各種不同的療法。為了救心愛的丈夫，瑪格麗特甚至敲碎了自己的珍珠、將它們磨成粉末，好挽救公爵的性命。她不斷祈禱，希望能獲得上帝的幫助——

然而這一切都於事無補，年輕的公爵染上了胸膜炎，連續好幾天的病程已經讓他強壯的體格一天天變得虛弱。直到有一天，公爵突然醒了過來。

他勉強撐起自己的身體，一一與他親愛的夥伴們告別，並在最後緊緊地給了瑪格麗特一個擁抱。接著，在神父爲公爵做完最後一次聖餐禮後，一五〇四年九月十日，公爵在瑪格麗特的懷抱中嚥下最後一口氣。

瑪格麗特令人心碎的哭號迴盪在整個城堡內。這是她第三段失敗的婚姻，也是她第二次成爲寡婦，此時的她，不過二十四歲。

瑪格麗特的侍衛費了九牛二虎之力，才成功阻止她跳窗自殺。

丈夫死後，瑪格麗特的父親又準備替她找下一個夫家，不過在經歷太多次失敗婚姻後，她拒絕了所有追求者，獨自一人在城堡裡度過了好幾年的時光。這時她生活的唯一重心，就是爲丈夫修一座墳。瑪格麗特在墓碑刻上了她著名的座右銘：「Fortune. Infortune. Fort Une.」

這句話的意思是**「命運對女人是殘酷的」**。不過，這句話還有另一個解釋：

FORTVNE
INFORTVNE
FORT
VNE

「殘酷的命運，讓女人堅強。」

這句話的兩種涵義似乎也象徵著瑪格麗特的未來。在生命跌落谷底之時，瑪格麗特不再尋求婚姻做爲人生的必要選項，而是在歐洲風雲變色的前夕，接受了命運要她前往的方向：一五〇六年九月，瑪格麗特的哥哥腓力突然去世，只留下尼德蘭（今日荷比盧一帶）這塊地方，與一名年僅六歲的兒子查理（Charles）。

在父親建議下，她一肩擔起監護人的責任，照料姪子，並代替死去的哥哥擔任尼德蘭攝政，輔佐姪子締造不朽事業……

好的，瑪格麗特的故事就先到這邊，接下來要出現的，是瑪格麗特的「對照組」。

事實上，此人與瑪格麗特的淵源很深，早在瑪格麗特身處懵懂無知的第一段婚姻時，她就已和瑪格麗特一起待在法國王室，這就是我們的第二女主角：路易絲（Louise of Savoy）。

出身天差地別，全憑生子富貴

路易絲年紀比瑪格麗特稍大一點，但在那個出身決定一切的年代裡，兩人的地位真可說是天差地別。相較於貴爲王后的瑪格麗特，路易絲連王族都不是，她只是北義大利一個叫「薩伏依公國」的公爵之女。和瑪格麗特的錦衣玉食相比，路易絲幾乎花光了所有積蓄，才終於湊足了錢，購買能參加國事場合的禮服。只怕連當時的路易絲都沒想到，自己有朝一日竟可以站在歐洲權力的制高點，成爲瑪格麗特最強勁的競爭對手。

路易絲之所以會待在法國宮廷，只有一個原因：用來聯姻的。

當時法國王室旁系的奧爾良家族勢力非常強大，爲了壓制對方的勢力，因此王室就在路易絲十一歲時，把她扔給奧爾良家族的後裔。表面上看起來，路易絲是嫁進豪門了，但不料這豪門的門檻才邁過，等待著她的就是悲慘的命運——丈夫整整大她二十歲，不論是對這段由王室指派的婚姻，或是對小學生年紀的路易絲，他都不感興趣，不但被情婦管得死死的，還跟另外好幾名女性擁有私生子。因爲年紀差不多的緣故，路易絲甚至還和那些私生子一起接受教育（也太屈辱了吧??）。

但路易絲知道，自己翻身的機會只有一個。她一直堅信一條座右銘，甚至後來還寫在自己的房間牆壁上：libris et liberis，**書籍與孩子**。爲此，她特別求助於一位聖徒隱士，對方告訴她不必擔心，命運已經安排她生下一名男嬰，且這名男孩前途無量。

路易絲就這樣盼啊盼的，終於在十七歲時產下一名男孩，欣喜若狂的她將孩子命名爲弗朗索瓦：「蒙上帝和國王恩賜，弗朗索瓦出生了！」她知道，從此她的人生將與這名男嬰緊緊綁在一起。而她今後唯一的人生目標，就是用盡自己全部的力量栽培他！

同樣結束婚姻，一個哭泣，一個歡欣

就在兒子出生一年後，命運結束了路易絲的婚姻：一場高燒奪走了丈夫的性命。不過比起瑪格麗特的撕心裂肺，路易絲則是滿心期待地看著兒子繼承爵位。只是目前看起來，弗朗索瓦離全法國的最高位置——國王還很遙遠，中間還有好幾位繼承人，照理說應該沒他的分才對。

但命運就是這麼神奇，弗朗索瓦四歲時，法王查理八世的腦袋突然撞到門框，

「咚」的一聲就把王冠掉到了弗朗索瓦這一支系身上，最後，弗朗索瓦的堂伯父路易十二繼承了王位。按照規定，只要這位國王在過世前仍未擁有男性子嗣，弗朗索瓦就將繼承大位！

接下來事情就很刺激了：此後路易絲每天什麼事都不做，只是緊緊盯著王后的肚子。當王后生下一名男嬰時，路易絲的心情瞬間跌進了地獄裡。

但她馬上又升到天堂：男嬰夭折了。

後來王后再次懷孕，路易絲又開始緊張了起來；

然後她又鬆了一口氣：生下的是一名女嬰。

這種冰火九重天的日子一直持續到了一五一四年，總算熬到國王路易十二身體逐漸虛弱。這時的路易絲簡直興奮到不行，眼看自己的寶貝兒子很快就要坐上法國至高無上的王位，但命運就是這麼調皮，後來又發生了一件事，馬上讓路易絲跌進了地獄——

王后，竟然先過世了！

事實上，王后的健康狀況也一直不佳。如果是國王過世，那麼弗朗索瓦毫無疑問地馬上就能繼承王位……但如果是王后先過世呢？

很簡單，國王可以立刻名正言順地再娶一個年輕能生的～～最後，國王娶了年僅十八歲的英國公主瑪麗——當時號稱歐洲最美麗的公主之一。這樣的公主一來到歐陸，立刻就把法王迷得神魂顛倒，稱她是「天上的仙女」！

不過這樣的美麗女子，卻要嫁給一個年紀是她的三倍、患有痛風、牙齒脫落的糟老頭子。瑪麗公主平靜地接受了自己的命運，在新婚之夜隔天，年邁的新郎逢人就吹噓：

「我昨晚可是大展雄風……」

國王很快樂，但路易絲已經在旁邊咬手帕了。

自己的寶貝兒子現在可是陷入前所未有的危機啊!!依照目前的狀況，這位新王后的威脅甚至比之前的王后更大。她轉頭看看自己兒子，結果發現連弗朗索瓦都被新王后迷得不要不要的！這時，二十歲的弗朗索瓦已經長成一位年輕、勇敢、英俊且風度翩翩的花美男，不但爲新王后舉辦了一場歡迎會，甚至還在競技場上爲瑪麗的名譽出戰，這讓老國王的面子非常掛不住。在婚禮上，當老國王看到弗朗索瓦騎馬比武的英姿時，有人聽到老國王喃喃自語：「Ce grand jeunehomme, il va tout gacher.」（這小子會毀了一切……）

看起來，弗朗索瓦的王位之路前途堪慮。但遠超乎眾人意料的是，國王新婚不過三個月左右，一五一五年新年一到，老法王就（疑似因爲縱欲過度）駕崩了！

消息立刻傳到王位繼承人弗朗索瓦耳中。午夜過後不久，一群人突然衝進弗朗索瓦的房間，告知他已經成爲法國國王。被召喚的他匆匆穿上晨服、趕忙進宮，而他母親路易絲的感想只有一句：「我只能說……這是一份絕佳的新年禮物。新年的第一天……我的兒子繼位爲王！」

這是法國榮光時代的開始。在經歷好幾代死氣沉沉的統治後，終於出了一位容光煥發、精力充沛的國王。根據見過他容顏的人所述，新國王弗朗索瓦一世身高一百八十公分，淡牛奶色的面容搭配一雙褐色大眼，舉止得當、風度翩翩；更難得的是，他還是一位文藝復興式的君主——在母親的薰陶下，新國王熱愛文化與藝術，甚至創辦了王室學院（之後的法蘭西公學院，是法國最悠久的學術機構），也難怪當時的法國人文主義法學家紀堯姆．比代對新國王寄予厚望。他寫道：

「……他是弗朗索瓦，這個名字第一次成爲國王之名，我們可以預言，這個名字注定會成就大事……」

英勇善戰的「騎士國王」

最高興的，就是弗朗索瓦的母親路易絲了。

從一個名不見經傳的小角色，經歷了多少磨難，路易絲終於成爲法蘭西的王太后。在兒子即位後，母子便開始了新的合作關係：母親在國內全力打理內政，兒子則放膽地對外征戰。這時，弗朗索瓦國王的全部精力，全都放在過去被先王丟掉的義大利米蘭。

在弗朗索瓦的帶領下，六萬士兵與三萬匹馬沿著阿爾卑斯山脈，浩浩蕩蕩地進入北義大利，並駐紮在距離米蘭十六公里的地方。但整場戰爭對法國來說並不容易，因爲他們的對手，是當時最令人聞風喪膽的軍隊——瑞士長矛兵。

一五一五年九月十三日下午四點，兩萬名瑞士士兵全軍出擊、朝著法軍陣線猛攻，法軍陣線內的德意志僱傭部隊也死命抗敵。儘管那是一支不亞於瑞士的王牌軍隊，但仍然被猛烈的攻擊打得節節敗退。就在法軍陣線即將潰敗之時，弗朗索瓦一世國王親自率領騎兵，從側翼插入敵方陣線；同時法國的大砲也逐漸發揮效用，終於讓戰情恢復到勢均力敵的狀態。

整場戰爭打到晚上，還是沒分出勝負。

隔天，兩軍戰鬥更加激烈，儘管法軍密集的砲火讓對方血流成河，卻仍阻止不了無畏的敵人。眼看著對方就要重新組織攻勢、奪取最後勝利時，法軍唯一的盟友威尼斯率領一萬兩千名士兵，從敵方背後加入了戰局！敵人被殺了個措手不及，戰線整個潰敗。

這場馬里尼亞諾戰役是法軍的關鍵一戰，參加過十八場戰爭的法國元帥甚至把此役稱為「巨人之戰」。而弗朗索瓦一世在戰場上表現得如此英勇，也讓他從此獲得了一個新的稱號**「騎士國王」**。

這時的弗朗索瓦，已成為歐洲最有力量的國王之一。只是這樣還不夠，他要再上一層樓、稱霸整個歐洲，目標就是全歐洲唯一的「皇帝」之名：神聖羅馬帝國。這時，弗朗索瓦最主要的競爭對手，就是他們——奧地利的瑪格麗特，以及她的姪子查理。

什麼？皇帝爺爺過世後，繼承人竟然不是我？

好的，現在我們回頭來看看瑪格麗特。前面說到，在三次失敗的婚姻後，瑪格麗特已無力再繼續下一場婚姻了。剛好後來她的哥哥也過世了，只留下了尼德蘭（荷比盧）這塊地方，和一個長相平凡的姪子查理。在父親的請求下，瑪格麗特一肩扛起了姪子監護人的職責，來到了尼德蘭。

比起英俊瀟灑的法王弗朗索瓦，瑪格麗特和姪子查理看起來實在沒什麼競爭的本錢——查理長著哈布斯堡家族特有的大戽斗，還有嚴重的口吃。不過他倒是頗具機智，據說他會要求畫師把他的畫像畫得比本人更醜一點，這樣一來，第一次晉見他的人反倒會因此大鬆一口氣。

但長相不重要，因爲很快的，你就可以看見什麼叫「會投資不如會投胎」：查理原本就從父親手中繼承了尼德蘭，外公過世後，又接手偌大的西班牙。一五一七年，十七歲的查理穿著深紅色絲綢和金色錦緞外衣，在一大群華麗的貴族、槍騎兵的護衛下進入西班牙半島。接著又發生了一件事，讓查理有機會一舉成爲歐洲霸主——

他的爺爺、瑪格麗特的父親——神聖羅馬帝國皇帝馬克西米連一世，過·世·了！

一五一九年，這位依靠婚姻與盟約獲得史無前例廣袤國土的皇帝，滿懷虔誠接受了最後的聖禮，並爲自己身後立下詳細的指示：駕崩後，葬禮要盡量簡單。他的遺體要安置在教堂的祭壇下方……不過，他的心要葬在第一任妻子——勃根地的瑪麗身邊。因爲長久以來，那裡一直只屬於她。

交代完一切後，儘管眾人早已泣不成聲，但此時的馬克西米連早已做好準備，要鎮定地面對死亡。他一直跟著修士吟唱詩歌，直到聲音逐漸消失，在黎明來臨之前，便帶著笑容過世了。

隨著馬克西米連的死亡，做爲直系血親的查理本來已經準備好要接管爺爺的帝位，但十四世紀的《黃金詔書》（*Bulla Aurea*）卻說：「休淡幾咧……」

原來神聖羅馬帝國的皇位並非長子繼承制。這可是歐洲唯一的「皇帝」帝位耶！怎麼能像什麼普通財產一樣隨便繼承給子孫？除非經由基督教世界擁有選舉皇帝權力的七大「選帝侯」（Kurfürst）選出、並經教宗加冕後，才能正式成爲神聖羅馬帝國皇帝。

法國的弗朗索瓦早就打起了算盤。他認爲，不管誰當選都行，但就是不能被查理拿走，原因只要打開歐洲地圖就知曉了：法國北邊的尼德蘭是他的，西南的西班牙是他的，如果連東邊的神聖羅馬帝國都變成他的囊中物，法國就等於被夾殺了！「如果他成功了，並確保他的王國與貴族領地擴大，將對我造成不可估量的危害……」

因此弗朗索瓦下定決心，要與查理一較高下！他寫信給查理，用法國式那種柔情似水的筆調，表明自己也想參加競選：「閣下，我們在追求同一位淑女。」

在老皇帝死前，弗朗索瓦就已經投入鉅款和軍隊，準備應付將來的選戰。後來，法王的理念和金錢（主要是金錢）終於說服了第一位選帝侯，此時弗朗索瓦以一比零的比數暫時領先。

七個月後，弗朗索瓦又用重金買到第二票，將比數拉到二比零；又過了三個月，第三名選帝侯也把自己的選票賣給了弗朗索瓦。最關鍵的是在一五一八年，第四名選帝侯加入弗朗索瓦陣營。至此，弗朗索瓦已得到四票，正式得到皇位選舉中的多數票。

等到一五一九年老皇帝駕崩時，查理看起來幾乎沒有勝算——他的對手弗朗索瓦除了已和四位選帝侯達成協議，還有當時歐洲宗教世界最高權位者——教宗良十世的支持。另外，弗朗索瓦的宣傳看起來也很有道理：法王既年輕又武功蓋世，而且如果由他擔任以德意志地區爲主的神聖羅馬帝國皇帝，就能一同恢復查理曼時期的不朽霸業！

錢錢就是個酷東西，什麼時代都一樣

查理的劣勢讓姑姑瑪格麗特焦慮不已：如果神聖羅馬帝國的王冠在他們這一輩手中被搶走了，自己就是整個家族的罪人啊！考慮許久後，她建議查理：不如放棄競選，將資格讓給自己的弟弟吧。

姑姑的考慮自有道理：畢竟比起不出眾的查理，他的弟弟處事從容、合群，長相也比查理英俊得多；最重要的是，整個家族裡，他是唯一不會引起教宗反感的人。但有道理歸有道理，放不下自尊的查理憤怒地拒絕了姑姑的提議：「輸給誰都好，就是不爽輸給我弟！」

他對姑姑表示，祖父曾公開說過，希望他能獨自接下皇位。「……只有我，才能成爲皇帝，維護家族的輝煌，並實現我爲基督教世界所構想的偉大理念……我們能成就許多偉大不凡的事業！」

最後在查理堅持下，瑪格麗特終於也下定了決心：全心支持查理競選皇位！然而距離選舉只剩下四個月左右的時間，更何況對方還有中古世紀權力最大的教宗支持，查理到底應該怎樣力拚呢？所幸最後，查理獲得了一股力量支持，這股力量非常強大，甚至超越了教宗與國王，成爲新世界唯一的神——

那就是：錢錢的力量！

分析過後，瑪格麗特建議查理：「……我們認爲，你只有透過兩種方法才能贏得選舉：第一種是透過金錢。你要花費遠比祖父馬克西米連當年競選、甚至比你現在的對手更多的錢；第二種方法就是使用武力。這代表你必須調集你在尼德蘭與西班牙的軍隊，阻止法國的武裝干涉——這當然也需要錢。」

在資金調度上，查理獲得了一股更強大力量的支持：德意志地區最重量級的銀行家雅各・傅格（Jacob Fugger）。他是傅格銀行的掌門人，也是整個中歐財經界的傳奇人物。十四歲起，傅格就到商業大城威尼斯學習商學教育，之後他透過貴金屬、商品和融資交易，成爲當時最重要的德意志商人；而他也跟馬克西米連建立了強大的同盟關係。

當查理找上這位銀行家時，傅格很快就從這場選舉中看到了自己的危機：如果法國國王當選了皇帝，他與先皇建立的緊密關係就會在一夕之間土崩瓦解，而先皇所給予的銅銀礦開採權也可能被收回。因此傅格很快得出結論：確保馬克西米連的後代子孫當選，是傅格銀行一切業務的基礎！

也就是說：查理必須成爲皇帝！

爲了支持查理當選，傅格銀行一砸就是五十四萬荷蘭盾（約三千萬美元），全都是爲了說服七位擁有投票權的選帝侯（所以說，選票是很有價值的~）。但即使對當時的德意志首富來說，這都是一筆令人咋舌的鉅款，一旦查理競選失敗，傅格銀行就會徹底破產，金融之城奧格斯堡也會陷入史無前例的危機。

在尼德蘭，瑪格麗特也盡了全力——尼德蘭也是個商業非常興盛的地區，她榨乾了每一分可動用的資金，甚至將絕大多數的個人收入都投進了選戰。她在每個有可能左右政局的人身上都花費了巨額資金：難以計數的黃金被送到美因茨、特里爾和科隆大主教的宅邸裡；不僅是選帝侯本人，瑪格麗特連他們的親戚、好友，甚至傭人都照顧到了。

在巨額資金的支持下，查理也開始自己的宣傳戰。最直接的宣傳就是：他的血脈直接與偉大的馬克西米連相連，他是已故皇帝的嫡孫，是眞正德意志血統的守護者！

當然，事實上查理完全沒待過德意志地區，不過在血統重於一切的十六世紀，查理就是比弗朗索瓦多了一層親近感。逐漸的，人們開始擔心弗朗索瓦這位外國之王將要統治德意志的土地。情勢在短短幾個月內逐漸逆轉，最後甚至連教宗都轉向了！

情況至此完全明朗。一五一九年選舉的前兩天，弗朗索瓦宣布退出選舉。兩天後，選帝侯全體聚集在法蘭克福，城外則有著支持查理的軍隊隨時待命。表面上說要維護選帝侯的安危，但事實上所有人都明白，選帝侯的安全與否，全繫於他們有沒有做出「正確」的決定。

結果毫不意外，查理獲得全體一致通過，成爲神聖羅馬帝國皇帝查理五世（Karl

V）。查理的當選標誌了歐洲最有權勢的人已然誕生——他的領土比當今任何一位歐洲統治者都要廣闊，除了現今荷比盧三國所在的尼德蘭，他還領有西班牙、德國、瑞士與大部分的奧地利，後來又獲得米蘭、捷克西部和匈牙利西部。這還沒完，短短十年左右，西班牙又打敗了美洲的阿茲提克帝國與印加帝國，從大西洋彼岸載回了難以估算的財富。而在當選的那一刻，瑪格麗特的快樂難以言喻。選舉過後六天，瑪格麗特向全尼德蘭人民宣告了查理的勝利，尼德蘭舉國上下也都在準備篝火和宴會，好慶祝查理獲勝。至於查理本人，則簽署了文件，任命他「無比敬愛的姑姑」成爲尼德蘭的攝政。

全歐洲都見證了瑪格麗特的勝利。現在，如果瑪格麗特再次看到那段自己刻在丈夫墓碑上的銘文，也許會有不同的看法：「Fortune. Infortune. Fort Une.」

「殘酷的命運，讓女人堅強。」

只是儘管查理勝利了，他的戰爭卻還沒結束。從這場選舉開始，他登上了歐洲政治的中心，但也開啓了他與弗朗索瓦長達一輩子的爭鬥。而就在他當選皇帝前沒多久，德意志地區一個叫做威登堡的地方發生了一件當時雖不明顯，影響卻極爲深遠的事：一五一七年，一名叫做馬丁．路德（Martin Luther）的修士在當地教堂大門上「咚咚咚」地釘下反對教廷贖罪劵的《九十五條論綱》。

此時開始，宗教改革的熊熊烈焰即將燃起，終將延燒到每一個國家，甚至每一名王族身上。每個國家的領袖都要做出改變國家命運的決定：是要歸附天主舊教教廷、還是投入新教的懷抱？

PS 對馬丁．路德與宗教改革有興趣的人，請參照前作《海獅說歐洲趣史》。

#順便打一下廣告

歐洲羅曼死關鍵字

#十六世紀　#神聖羅馬帝國　#馬克西米連一世

#查理五世　#弗朗索瓦一世　#教宗良十世　#宗教改革

#馬丁路德　#九十五條論綱

渴望掌聲，渴望愛，卻終究失去所有愛

——血腥瑪麗

「我們會恨，是因爲我們有愛；我們會有侵略性，是因爲有些東西我們在乎、亟欲保護。」

——詹姆士・道斯，《惡人：普通人爲何會變成惡魔？》

老爸是「老婆殺手」亨利八世

我們都渴望愛，渴望父母的愛、朋友的愛、情人的愛。很多時候，我們甚至會做出一些自己不願意的事，以換得別人的愛（對啦就是傳說中的情緒勒索啦）。即使是君主，應該也不例外地擁有這種渴望。但爲什麼這樣渴望愛的結果，卻讓鼎鼎大名的「血腥瑪麗」失去了一切愛、孤獨至死？是哪一步走錯了嗎？如果你是她，又會怎麼做呢？

說到「血腥瑪麗」，我第一個想到的，大概就是開頭那句話了（咦不是調酒嗎？）。這位英國首位女性君主瑪麗一世（Mary I），因爲背負著大量新教徒的血，注定被冠上這樣令人恐懼的稱號；但在種種傳說背後，眞實的瑪麗眞的那麼恐怖嗎？宗教改革撕裂著那個時代的每個人，在這樣大時代的衝擊下，會不會事實上，她也是個可憐之人呢？

在講述這位英國史上第一位女王的故事前，要先從她父母那一代開始說起。她父親的大名各位想必聽過，就是大名鼎鼎的亨利八世（Henry VIII）。這位英國國王一輩子娶了六個老婆，至於她們下場如何，可以參考這首順口溜：**「離婚、砍頭、死；離婚、砍頭、活。」**（Divorced, beheaded, died; divorced, beheaded, survived.）而血腥瑪麗的媽媽，就是亨利八世的第一任妻子：亞拉岡的凱薩琳。這位王后來自遙遠的西班牙大地，一五〇一年，十六歲的凱薩琳遠嫁到北邊的英格蘭，與英王亨利七世的太子亞瑟成婚。

婚禮辦得非常盛大。不過嫁過來還不到五個月，夫婿就過世了。

丈夫的死亡頓時讓這位西班牙公主的前景變得非常黯淡。凱薩琳在英國可說完全無用武之地，但爲了保住凱薩琳從西班牙帶來的嫁妝，有人建議英王亨利七世：「那個，您不是也失去了王后？不如乾脆娶這個前媳婦……」

想當然耳，這項建議立刻引起巨大爭議，凱薩琳的母親更是反對到底：「這實在太邪惡了！連聽都不能聽！」

那麼，要怎樣才能保住凱薩琳呢？最後，一五〇三年，芳齡十七歲的凱薩琳被許配給亞瑟的弟弟：十二歲的亨利王子。沒過多久，英王亨利七世駕崩，亨利王子也繼承王位，成爲歷史上最有名的「辣個亨利」——亨利八世。

事實上，亨利八世一開始的確非常愛自己的前大嫂。兩人的故事完全就是眞實版的宮廷童話：面容姣好的凱薩琳和藹可親，在逆境中卻仍不失笑容與希望，最後終於找到一位深愛自己的夫婿，並成爲英格蘭的王后。只是快樂的婚姻並沒有持續太久，很快的，打擊便降臨了——

也許從一五一〇年的那次流產後，就隱隱約約透露出一絲不祥的預兆。沒過多久，凱薩琳產下了一名男孩，但不過短短五十三天，小王子就夭折了。之後又生了一名男孩，也是不到一個小時就死了。最後在一五一六年，兩人終於有了第一位小公主，也就是這篇故事的主角瑪麗。

然而瑪麗的性別似乎讓全國的百姓失望透頂。威尼斯大使記載了瑪麗的出生：

「整個國家從未如此焦急渴望擁有一位王子。」

但凱薩琳王后依舊很開心瑪麗的到來。在母親的影響下，瑪麗成爲天主教最堅定的信仰者，王后也對女兒寄予無限希望——畢竟在那個年代裡，其實也不是沒有「女王」的先例：自己的母親就是西班牙歷史上赫赫有名的伊莎貝拉女王，自己的女兒爲什麼不能成爲英格蘭的女王？

但凱薩琳沒有料到的是，美好的婚姻竟在此時被丟下了一顆震撼彈：小三出現了，而且不是別人，竟然是自己的侍女安妮·布林（Anne Boleyn）。

史上最知名小三：安妮．布林

安妮．布林出身英國貴族之家，從小就跟著父親一起前往法國。等到近二十歲時，因爲才貌雙全而被選進宮中，擔任凱薩琳王后的侍女。

就在她擔任侍女期間，亨利八世開始對妻子身邊這位外型亮麗，還帶有法國風情的女子產生了興趣。人們經常看見亨利八世扭扭捏捏地接近安妮，之後更開始寫信給她。從信中完全可以看出亨利八世對那種宮廷愛情的嚮往：

第一封信，他把自己比做對方忠實的僕人；

第二封信，他把對方比做遙不可及的星星，但「距離雖遠，越發迷人」。

第三封、第四封……

「我一直……把自己置於巨大的痛苦之中，不知該如何解讀……」

「整整一年多，我都在瘋狂地追求愛情……能不能占據妳心裡的一個位置，讓愛情生根發芽……」

亨利八世的愛越來越狂熱。終於到了一五二七年新年，他收到安妮的回應：安妮送給亨利一件船型首飾，船上精雕著一位少女，還有一顆心型鑽石。

這是什麼意思？最後亨利八世明白了：少女代表安妮，心型鑽石則是她的感情，恆久而堅定。

至於亨利，就是這艘船最終的避風港！（等等這隱喻也太隱晦了吧??）

亨利八世欣喜若狂。這一年開始，他著手準備解除與王后的婚姻。

一五二七年，亨利八世正式通知凱薩琳準備離婚。他的理由是《聖經》中的這句話：**「人若娶弟兄之妻……二人必無子女。」**凱薩琳先前曾嫁給自己的哥哥，就是因為這樣才觸怒了神威，導致子女連續夭折！

凱薩琳聽聞此事後，立刻哭了出來。她堅稱自己嫁給亨利哥哥的那段期間，兩人根本沒有圓房！但這辯白一點用都沒有，身為一名嫁至異鄉的王后，凱薩琳在英國根本不可能獲得公平的裁決。

凱薩琳下定決心：只有羅馬教宗本人，才能給她公正的判決！一五二九年，國王夫婦被傳喚到位於黑衣修士區（Blackfriars）的法庭，這裡雖是教宗下令成立的法庭，但裡面的成員大多已選邊站在國王那一方。

傳令官喊道：「英格蘭的凱薩琳王后，上庭！」

出乎所有人意料之外，王后起身後並未走到法庭前，反而走到丈夫面前，跪下，用一口濃厚的西班牙口音請求國王：「我親愛的陛下，我到底哪裡冒犯了您，或者做了什麼惹您不高興的事？我一直都是您謙卑和溫順的妻子……從不曾口出二話、面露慍色，或表現出一丁點不滿……」

她當著所有人的面暴露出最私密的一面，卻也正是兩人婚姻合法性的依據：

「……最初您娶我時，我並沒有接觸過任何男人。這段言詞是眞是假，請您捫心自問……我卑賤地請求您，讓我保留原有的身分地位……」

最後，她請求國王允許她寫信到羅馬。王后出乎意料的行爲讓亨利八世大吃一驚，一時之間只能同意。

獲得同意後，王后立刻起身，逕直往門外走去，只留下身後的傳令官不斷喊道：

「英格蘭的凱薩琳王后，上庭！」

然而她並沒有停下腳步，只留下一句：「這個法庭對我來說毫無公正可言，我不會在此逗留！」

情勢對國王似乎越來越不利。當時的教宗克萊孟七世是神聖羅馬帝國的傀儡，而凱薩琳正是神聖羅馬帝國皇帝查理五世的阿姨，光是這一層關係，亨利八世就可說是輸定了；在國內，英格蘭的民眾也大多堅定支持凱薩琳，尤其是女性。法國大使就很明白地說了，如果結果是由女人們決定，國王一點勝算都沒有。

就在這時，安妮．布林開始在國王身邊灌輸一種新的思想——從馬丁．路德開始，正漸漸擴散的新教思想；這種思想駁斥了教宗的權威。她送給亨利八世一本書，裡面有一句話：**「百姓對統治者負責，而統治者只對上帝負責！」**

那瞬間，亨利彷彿看到了一道曙光，興奮地說道：「這本書值得所有國王一讀！」

之後，英國在亨利八世命令下，編著了一份歷史和《聖經》材料合集，並聲稱：教宗並非必然至高無上！

亨利的反擊成功，讓安妮的地位越來越高，正宮凱薩琳則越來越受到冷落。然而這位王后仍強撐著自己的最後一絲尊嚴，忽略一個又一個要她看清現實的國王說客。王后的固執最終引發了亨利的憤怒，他下令：將女兒瑪麗與凱薩琳分開！

但沒想到，當時才十幾歲的瑪麗公主，竟也頑強地抵抗父親！母女間的羈絆、對宗教信仰的執著、在逆境中接受試煉的勇氣，在在讓亨利八世大爲訝異，國王甚至感受到了眞實的恐懼：「這樣一個驕傲、頑固的女人，渾身都充滿了勇氣……甚至不惜成本，像打仗一般反抗我……」

兩邊就這樣僵持不下。到了一五三三年，安妮宣稱：「嗯……想吃點酸的呢。」

這句話的意思只有一個：安妮懷孕了！

就是這件事，讓這場「後宮安妮傳」的情勢徹底翻轉，亨利八世下定決心：一定要在安妮產子前確立她的王后地位！

時間非常緊迫，教宗這條管道已經無法讓亨利即時離婚。就在這時，英國最高神職人員——坎特伯雷大主教托馬斯．克蘭默（Thomas Cranmer）主動承擔起這項責任，於是

一五三三年，克蘭默正式宣布亨利與凱薩琳的婚姻違反上帝律法，宣告婚姻無效！

這是英格蘭史上最重要的司法裁決之一。婚姻無效的判決一出，教宗隨即把亨利八世逐出教會，也正式將英國推向新教陣營。但即使被逐出教會，也無法阻止亨利；不久後，克蘭默大主教為新王后加冕。整個加冕典禮極為盛大華麗，安妮王后穿著法國風格的白色禮服，緩緩走上西敏寺的祭壇。大主教為她塗抹聖油後，將聖愛德華王冠（St. Edward's Crown，英國王室成員加冕用的王冠）緩緩放在安妮的頭上。

那年，瑪麗公主十七歲。

從公主到私生女

隨著父母離異，瑪麗的處境也跟著遭逢巨變——身分突然從萬人之上的「公主」變成了「私生女」。然而加冕後不過短短三個月，新王后安妮便遭到毀滅性的打擊。

在接到新生兒的消息後，國王癱坐在椅子上，問身邊的臣子：「你們曾想過事情會這樣嗎？」

無人回應。大主教克蘭默更宛如失神：新王后生下一名女嬰，名字叫做伊莉莎白。

這名女嬰就是日後有名的伊莉莎白一世。然而在當時，伊莉莎白的出生卻讓新王后的美夢整個碎了。也許是因爲害怕自己的地位遭受威脅，新王后安妮把氣全都出在瑪麗頭上。

瑪麗被禁止與母親見面，而且爲了捍衛自己的尊嚴，她怎樣都不願稱呼新上位的安妮·布林爲王后，信中也仍署名「瑪麗公主」。沒過多久，她的金援馬上就被停掉了，原來的侍女也遭到撤換，而新來的侍女完全就是新王后的人馬，一再提醒她：「妳只是個私生女！」不僅如此，還告訴瑪麗，國王已經示意，不久後就要把她送上斷頭臺。最後，瑪麗甚至被命令擔任妹妹伊莉莎白的侍女！

終於，在身心靈都備受煎熬的情況下，瑪麗遭遇了一場幾乎要奪走她性命的疾病。這時她唯一能寄託的，只有相隔兩地的母親來信。

母親溫柔地安慰她：「……先讓自己清白潔淨，尊崇上帝誡命，時刻銘記這點……

我堅信，祂會用完滿的愛來善待妳。只有經歷苦難，我們才能到達天堂……」

可惜，連這樣書信往來的時日也無法長久。離婚後三年，前王后凱薩琳就去世了；彌留之際，她寫了最後一封信給亨利八世，稱他為「最親愛的主人、國王和丈夫」。在最後的時刻裡，她依舊規勸他少花一些精力在世俗的事情上，要他更重視自己的健康、守護自己的靈魂，並細心照顧自己的身體。

她寫道，她原諒亨利的所作所為，同時也向上帝禱告，祈求上帝寬恕他。「我發誓，我的雙眼在萬千事物中，只願看得到你……」

最後的簽名，依然展現出她的執拗與不屈：凱薩琳王后。

在所有描述這段故事的文字裡，我最喜歡莎士比亞《亨利八世》裡凱薩琳王后死去的一幕——那被譽為是莎士比亞戲劇裡最撕心裂肺的時刻（當然不一定是真實的啦）。在生命即將油盡燈枯時，凱薩琳前王后做了一個夢：

她夢見六位天使身穿白袍、頭戴著桂冠、面罩金色面具。祂們向凱薩琳鞠躬、在她面前跳舞，並在她頭上舉起了花冠。

凱薩琳笑了，向上舉起雙手。而就在這時，夢醒了。她對侍女說：「就在剛才，一群天使邀我赴宴；祂們光亮的臉龐像太陽一樣……照耀著我。祂們答應我可以得到永恆的幸福，給我帶來了花冠……」

侍女回應：「我很開心，您能有這樣的好夢。」

一五三六年一月，凱薩琳前王后過世了。

做為挑釁，亨利八世和安妮・布林舉辦了派對，瑪麗卻甚至不被允許參加自己母親的葬禮。不到一個月後，就在凱薩琳葬禮當天，安妮・布林再次流產。正如時人所說，她「流掉了自己的救世主」。安妮流產後，亨利八世冷若冰霜地說：「看來上帝不會讓我擁有一個兒子了。」

母親的死給瑪麗帶來極大的打擊，隨後她便開始了半隱居生活。在這段長達二十年的漫長歲月裡，唯一能安慰她的，只剩下宗教。

逆來順受一輩子，終於挺身反抗命運

一五三六年，剛坐上后位三年的安妮．布林遭控與多人發生性關係，隨即被送進了倫敦塔。五月十五日，安妮在成千上萬民眾面前走進倫敦塔大廳。面對每一項指控，安妮都只短暫而堅定地回答：「無罪！」

當然，審判結果毫不意外：二十六名陪審員一致宣告有罪，安妮被判處死刑。來自法國的劊子手舉起鋒利長劍，迅速砍下安妮的頭顱。彷彿歷史重演般，當年她從凱薩琳王后的侍女搖身一變，獲加冕爲王后；如今取代她成爲新王后的珍．西摩，剛好也是她的侍女。

時間轉眼來到十一年後。一五四七年，亨利八世駕崩。過世前，國王指名自己唯一的兒子愛德華繼承王位。然而也許是因爲良心發現或之類的，國王也說：如果愛德華死後沒有兒子可繼承，那麼瑪麗就是新的女王；如果瑪麗也沒有兒子，繼位者就是安妮．布林的女兒伊莉莎白。

九歲的愛德華六世就這樣成爲了新英王。儘管新國王全力支持新教，然而沒過多久，愛德華六世的身體就逐漸變得虛弱。確定自己無力回天後，小國王的願望只剩下一個：怎樣都不能讓篤信舊教的姊姊瑪麗繼承王位！相反的，他決定讓堅定信仰新教，並且也嫁給信奉新教丈夫的表姊珍．格雷（Jane Grey）做爲王位繼承人。

一五五三年，十五歲的愛德華駕崩，珍也順勢繼位。眾人沒想到的是，一向只是被動反抗的瑪麗，這次卻選擇了主動出擊。很快的，她便在倫敦東北方兩百公里外的弗瑞林姆城堡（Framlingham Castle）舉起大旗，更受到許多人擁護。原來在經歷兩代宗教改革後，新教在英國的表現並不如人意：舊教的好東西如中世紀藝術、慈善事業都被破壞了；而一些被人詬病的事物如宗教裁判所，勢力反倒更爲強化。此外，人們對長年受苦受難的瑪麗公主又多了一分同情，認爲飽受折磨的瑪麗要是當上女王，自然慈祥聖明。

最後，珍．格雷只在王位上坐了九天，隨後就以「保障人身安全」爲由，被送進倫敦塔。接著，瑪麗穿上由代表王權的紫色天鵝絨和綢緞製作的服飾，以女王身分進入倫敦。全城包括一半的新教徒全都出來歡迎新女王，妹妹伊莉莎白也在其中。本來伊莉莎白還很擔心，認爲瑪麗當權後必定會狠狠報復自己；然而出乎她意料的是，瑪麗女王熱情地擁抱了她。

瑪麗一開始的確是仁慈的瑪麗。伊莉莎白出生後，瑪麗雖然遭受了各種不平等的對待，讓她氣憤難消，但伊莉莎白三歲時，親生母親被斬首，結果妹妹也跟自己一樣，從公主變成了私生女，這讓瑪麗對妹妹產生一種雖憤怒卻又同情的心理。而這樣寬容的個性甚至擴散到女王的宗教政策：雖然女王本人篤信天主教，但她表示，不會強制臣民信奉某一種宗教，除非民眾一致認同、沒有異議。

在十六世紀，這種承認宗教自由的做法是很新穎的。不過接下來，她的下一個動作立刻就引爆了群眾的疑慮：她嫁給一位信奉舊教的西班牙王子。

如今的女王已經三十七歲了。渴望子嗣的女王對婚姻大事萬分焦急，最後她找到的，就是同樣信奉舊教的腓力王子（後來的西班牙國王腓力二世）。瑪麗女王對腓力獻出了自己全部的感情，甚至寫信給腓力王子的父親查理五世：「我現在的快樂之情難以言喻……願上帝賜我一切美德，以博得丈夫之歡心。」

沒人知道，從小在冰冷環境中長大、因而變得嚴肅古板的瑪麗其實非常渴望愛，也渴望被愛。然而這個決定卻讓英國人民大吃一驚，因爲女王嫁給西班牙王子，就等同於讓英國受制於隸屬舊教勢力的西班牙！

一場叛變，仁慈瑪麗變成血腥瑪麗

全國到處響起反對之聲。這時，一名年輕氣盛的少年爵士湯瑪士．維艾特（Thomas Wyatt）直接起兵反抗女王統治，用來號召民眾的口號就是：「不讓英國淪爲西班牙的附庸！」最讓瑪麗女王震撼的，是竟然有多名貴族響應叛亂，其中一名就是被關在倫敦塔裡的「九日女王」珍．格雷的父親薩福克公爵！

當叛亂消息傳到女王耳中時，她一開始的反應是困惑：薩福克公爵原本和女兒一樣遭到囚禁，是她特赦了他，之後甚至還打算釋放珍．格雷。爲什麼他們還要舉旗叛亂？另一方面，她也迷惘：不久前才熱烈慶祝她登上王位的國人，爲什麼現在要反對她得到幸福與滿足？而且這種幸福與滿足正是她在苦難一生中夢寐以求的。

四千人氣勢洶洶地殺進首都，兵凶戰危之際，女王再次當機立斷，她親自前往倫敦市政廳安撫人心。眾目睽睽下，她舉起自己手中的婚戒，這是她加冕典禮時宣稱「嫁給國家」的證明：「這枚婚戒，從來沒有，也永遠不會掉落！」

瑪麗女王在眾人面前說道：「我無法體會一位母親會如何愛護孩子，因爲我還沒當過母親；但如果說，爲王者天生就誠摯愛著臣民，如同母親愛著自己孩子，那我可以保證：我做爲女王、這個國家的女主人，會像母親那樣眞誠而溫柔地愛護和保護你們！」最終，女王成功扭轉了情勢，鼓舞了士氣。當場，與會人員一致決定效忠女王，並在短短一天之內就組成了一支上萬人的大軍。在大軍出動下，大部分叛亂立刻宣告瓦解；沒想到，維艾特爵士仍帶著一小群人直逼王宮。大臣請求女王出逃，卻被瑪麗拒絕了。所幸叛軍最終並沒有攻下王宮，情勢也獲得了控制。

事件結束後，維艾特和薩福克公爵遭到斬首，就連一直關在倫敦塔裡的珍．格雷也受到牽連、被判死刑。行刑前，她喊出：「父啊！我將我的靈魂交在祢手裡！」這句話語出《聖經．路加福音》，正是耶穌臨終前說的最後一句話。

另一方面，女王的親妹妹伊莉莎白此刻更是身在恐懼之中。因爲發動叛變時，叛軍的一個主要目的，就是要扶植伊莉莎白來取代她！

這項指控非同小可，伊莉莎白隨即被送到聖詹姆斯宮（St. James's Palace）看管並接受審訊。當時伊莉莎白身染重病，沒日沒夜的訊問更使她身心飽受折磨：她害怕在姊姊的命令下，自己將會走上和母親安妮．布林相同的命運。大約一個月後，伊莉莎白終於收到了命令：她被移往死牢！

伊莉莎白此時眞可說是命懸一線。瑪麗身邊的近人不斷在她耳邊吹風，要她殺掉伊莉莎白「永除後患」。後來，伊莉莎白自己寫了一封信給姊姊，用謙恭、柔順又誠惶誠恐的語氣寫著：「……我在上帝面前發誓，我從來沒有預謀、煽動、同意任何危及您的行動。讓我在您面前答覆您（如果可能的話）……」

最後，因爲找不到伊莉莎白涉案的確切證據，瑪麗終於下令釋放妹妹。然而在死牢裡的兩個月永遠改變了伊莉莎白，造成她後來多疑且缺乏安全感的性格；這件事也改變了瑪麗，姊妹間的情感永遠冰冷了下來。

瑪麗的壓力一天大過一天。身爲女王，她最大的責任就是要爲王室誕下繼承人，上天也似乎眞的沒有辜負她——叛亂過後半年，瑪麗的月經停止了、體重增加，早上還出現了噁心感。醫生判斷：女王懷孕了！

這個好消息很快就傳遍了英國，全國到處都有人爲她祈禱。種種謠言甚囂塵上，說：瑪麗女王的雙乳不但正在隆起，甚至還有乳汁溢出！有些地方甚至開始謠傳王子已經誕生，還形容王子的長相「白白胖胖」！不過很快大家就發現：這一切其實只是假懷孕！原來是瑪麗求子過於心切，甚至把消化不良、脹氣都幻想成懷孕。

女王瞬間成爲全國的笑柄。然而最傷心的還是女王本人，接下來整整四個月裡，她都不曾公開露面。叛亂、假懷孕被全國瘋狂嘲笑，還有當時越來越失控的宗教紛爭，全都朝著瑪麗席捲而來——

經過兩代宗教改革，新教已在人民心中萌芽。雖然瑪麗曾說不會干涉人民的信仰自由，但某些教派在她眼中，幾乎已與異端沒什麼兩樣。同時，人民對舊教的憎恨也有增無減：某天，有人將一隻死狗頭頂的毛剃成舊教修道士的髮型，並在牠脖子上套了根繩子，扔進瑪麗御用的教堂；有位舊教修道士被信奉新教的民眾割掉了鼻子；新教徒中甚至開始出現一些謠言，大肆宣傳瑪麗是私生女，根本沒資格坐上王位。

不，甚至連私生女都不是，是歐洲大陸來的女巫，目的就是要毀掉英國！

一旦悲痛到了極點，寬容的性格產生轉變也是理所當然的。她開始認爲假懷孕是上帝給她的一個警訊，要她堅守捍衛自己的信仰。仁慈的瑪麗早已在太多的屈辱、悲傷與心痛中消磨殆盡，取而代之的是另一個人格：信仰堅定但絕不寬容的女王——

血腥的，瑪麗。

渴望愛，又失去愛的女人

瑪麗女王開始發生了轉變。一五五五年，新年剛過，宗教法庭就下令逮補六位新教教士，並將其中四名判處基督教世界最嚴酷的刑罰：火刑。正式揭開長達三年的宗教恐怖時期。

事實上，即使是支持天主舊教的人士，也認爲這樣的刑罰實在太不人道了。在知道這件事之後，神聖羅馬帝國大使馬上抨擊：「這太輕率野蠻了！」

不僅如此，王夫腓力二世的聽告解神父更是當場斥責瑪麗，這項判決與基督溫和寬厚的精神相違背。只是瑪麗的不孕早就成爲壓垮她的最後一根稻草：當一個人全心全意地渴望一項事物，卻又狠狠被剝奪希望時，她只能相信這是上帝的旨意，是上帝不滿的信號，暗示她的國家需要清理。思索再三後，最終她仍然下令：燒！

行刑前，劊子手通常會在受刑人胯下放一袋火藥，好讓受刑人少受點罪。不過就在燒死一位名叫胡柏的地區主教時，由於柴火燒得不夠旺、點不燃火藥，他竟然被小火「烤」了一個多小時才終於斷氣。

原本被判處異端的都只是一般百姓，但這樣的恐怖政治很快就延燒到新教的高階教士。一五五五年九月，當局拘提了三位高階教士，其中一位正是前坎特伯雷大主教克蘭默。還記得這個人是誰嗎？

沒錯，宣告亨利八世與凱薩琳王后婚姻無效的，就是他。

由於克蘭默擔任過大主教，所以他的判決必須經過教宗批准；至於另外兩位教士，很快就被拘提到審訊庭——一位已經六十五歲，另外一位更是高齡八十歲。這兩名白髮蒼蒼的老人站在法庭上，腰間繫著《新約聖經》，堅決不肯放棄新教信仰。隨後兩人也被判處有罪，一個星期後便執行火刑。

行刑的日子很快到了。兩人被要求在架好的柴堆前跪下祈禱，接著就被鐵鏈牢牢地綁在一根鐵柱上，並在頸上各掛上一袋火藥。柴火點起時，那位高齡八十歲的教士，對著和他一起殉教的同伴說：「勇敢點，黎德利業師，像個男子漢：我們今日有幸成爲上帝在英格蘭的燭光。我相信，它是永遠不滅的！」

在一旁觀看了整場行刑過程的克蘭默卻被嚇壞了。天主舊教還是新教？死亡還是生存？尊嚴還是屈辱？克蘭默的靈魂天天爭戰不休，他再也無法承受了——隔離、沮喪、對活生生燒死的恐懼，終於讓他徹底崩潰。

他簽署了一份聲明，宣告自己將拋棄新教、重回天主教信仰，並宣布他虔誠相信七聖事[1]、化體論[2]、煉獄[3]，及所有天主教的教義。按照當時的法律，只要宣布悔改，其實是可以不用受死的；當時克蘭默的確也這樣認爲。

然而他卻低估了瑪麗對他的恨。她拒絕了克蘭默的「悔改」，依舊判處他火刑。就在死刑執行前四天，精神崩潰的克蘭默開始做惡夢：他夢見自己同時被兩位上帝拒絕，接著便跌入地獄，永世遭受折磨……

他一身冷汗地驚醒過來。四天後，他終於做出了自己的決定：他要把自己的靈魂單壓給其中一方。

處決那天是個濕漉漉的日子。在火刑臺上，克蘭默低頭念著自己的悔過書，上演自己此生的最後一搏：剛開始，他只是低語，因爲聲音實在太小了，以至於根本沒人注意到，但接下來，終於有人察覺到不對勁了——他所說的，跟悔過書上的完全不同！

「……現在我鄭重宣布，最近我所寫的、所說的，全都是假的！……我之所以這麼

---

① 分別為：聖洗聖事（洗禮）、堅振聖事（學習教理後一段時間後進行）、聖體聖事（聖餐禮）、和好聖事（告解）、傅油聖事（臨終傅油禮）、聖秩聖事（成為神職人員）、婚姻聖事。

② 相信無酵餅和葡萄酒在神父祝聖後能化成基督的體血。

③ 天主教教義中，犯有輕罪的人在死亡後，靈魂會下到煉獄接受火的煉淨，淨化後才能前往天堂。

寫，是因為我怕死……」克蘭默越說越大聲，甚至最後嘶吼了起來。圍觀群眾開始議論紛紛，高聲的譴責與責罵幾乎掀翻了整個法庭，火焰也越來越接近他。

但他沒有閃躲，反而將右手伸進烈焰之中：「我的手造下這種孽，寫下違背良心的東西，我首先要懲罰它，要燒……就先燒它！」圍觀者全都目睹他的右手被火完全吞噬，最後他大喊了一聲：「主啊！請接納我的靈魂吧！」

接著，整個人便深陷熊熊烈火之中。

短短幾年內，共有將近三百名新教徒被燒死。這樣的人數雖然不算多，情節卻很駭人；甚至有傳言，遭受火刑的異端中甚至包括一位孕婦，她在火刑柱上生下孩子，嬰兒一出生便葬身火海。

由於情節太過驚悚，火刑引起了人民極大反感。宗教審判與火刑的出現，導致新教擁有許多殉道者，並讓教徒們因殉道者獲得鼓舞，反抗的力量也越來越頑強。而與充滿熱情的新教徒相比，殘忍的瑪麗女王與她所信奉的天主教簡直有如天壤之別，人們反而紛紛動搖了對傳統天主教的信仰。

甚至連王夫腓力二世都主張應該從寬行事；只是當情況越來越失控時，他卻沒有待在女王身邊。本來就自認是個職業丈夫的腓力，在宗教迫害剛開始時，就腳底抹油飛奔回歐洲大陸了。

失去丈夫陪伴的瑪麗女王成日鬱鬱寡歡。就在丈夫離開的第二年，瑪麗終於接到一個好消息，原本跑去法國打仗的丈夫突然回來了！只是她還來不及高興，丈夫馬上就告訴她，這次回來並非爲了重續夫妻之情，而是要向英國借兵對抗法國。

英國議會和樞密院全體反對女王爲丈夫提供軍隊與資金，畢竟這種舉動明顯會影響英國內政，而且這是早在兩人結婚之初，就已經明定拒絕的事情。但瑪麗女王對丈夫的一往情深，讓她接連犯下更多錯誤。最後，瑪麗毅然決然向法國宣戰，並隨即派出六千精兵啓程。眼看目的已達到，腓力馬上又離開了英國，兩人後來再也沒有見過面。

對於這一切，瑪麗像是早有預感似的，幽幽地說：「在我以後的歲月裡，再也不會有人給我溫暖的陪伴了。」

法王很快接收到瑪麗女王的挑戰。他不屑地回應：「……竟有女人敢派人前來公開挑釁、威脅要對我宣戰，好歹考慮一下我的感受吧！」

對法戰事本來就出於倉促。雖然一開始英西聯軍獲得了巨大的勝利，但後來戰事卻逐漸吃緊：英國節節敗退，最後竟然丟掉了英國在歐陸的最後一個據點——位於現今法國北部的加萊！這是一處極有價値的良港，是英國皇冠上的一顆寶石。

如今這顆寶石不但丟了，幾千名原本住在那裡的英國人，也被迫回到本土。這些人無家可歸，只能怨氣沖天地咒罵女王。只是對瑪麗責備最深的，莫過於她自己。

根據記載，女王曾向密友透露內心最深處的心聲：雖然她也爲丈夫離開深感悲傷，但加萊才是她心中永遠的痛：「在我死後，如果剖開我的胸膛，你們可以發現，這顆寶石（加萊）永遠存在我心裡……」

只是不知道爲什麼，上天就是喜歡給瑪麗一點希望，然後又把這點希望殘忍且徹底地摧毀：一五五八年初，瑪麗又預感自己懷孕了（可能就是王夫回來借兵時盡了一點丈夫的義務吧）！

瑪麗趕忙寫信給腓力二世，請求他在生產前趕緊回來。然而他只回了一封信向她表示祝賀，但自己實在分不開身，無法回來。後來，當瑪麗發現這又只是一場假懷孕時，她徹底崩潰了。

現在，「血腥瑪麗」成天坐在冰冷的地板上，把臉靠著膝蓋，維持這樣的姿勢好幾個小時。或是像個遊魂似的每天在王宮裡晃蕩，或是一邊流淚，一邊寫信給在遠方的丈夫。沒想到，當腓力接到這些淚痕斑斑的信紙時，第一個反應竟然不是回信，而是轉向爭取瑪麗的妹妹伊莉莎白！他要伊莉莎白嫁給他，不然嫁給任何一位西班牙貴族也行。以政治考量開始的聯姻、也注定因政治的考量分離。

一五五八年，傷心過度的瑪麗染上瘧疾。在過世前少數的清醒時刻，她說自己做了一個夢，看見許多孩子圍繞在她膝前又唱又跳。也許那就是她此生最渴求的景象，然而當她一醒來，卻只看見冰冷冷的現實——她一輩子追求的許多愛：上帝的愛、父親的愛、丈夫的愛、人民的愛，到最後一項也沒能留下。十一月的某天早上六點鐘，在深秋的黎明破曉之際，瑪麗女王聽見緩緩傳來的彌撒樂聲，聲音緩慢而悠揚，一直以來都是最能安撫她內心的音樂。這時候，女王還能說話回應。到了早上七點，亨利八世的女兒、英格蘭首位女王瑪麗．都鐸，平靜地離開了世界。

瑪麗的妹妹伊莉莎白繼承了王位，成爲知名的伊莉莎白一世女王。不過，歷史並沒有這樣就放過瑪麗。瑪麗過世後，悼念很快就被指責取代。一五八八年，流亡在外的新教徒形容瑪麗「惡毒、殘暴、血腥、易怒，詭計多端、工於心計、虛僞不堪，毫無德性可言」。之後的伊莉莎白時代裡，一位名叫約翰．福克斯（John Foxe）的歷史學家出版了一本《殉道者之書》。裡面生動的木雕版畫，繪聲繪影地描寫了從基督時代到英國新教徒的淒慘死狀（但對亨利八世迫害天主教徒之事卻一字未寫）。

因爲這樣，「血腥瑪麗」這個鮮明的記憶就此烙印在她身上，一直留存到今日。

歐洲羅曼死關鍵字

#十六世紀　#亨利八世　#瑪麗一世　#九日女王
#宗教改革　#英國國教派　#伊莉莎白一世

凡事忍，一直忍，最後忍極生悲

——凱瑟琳・德・麥第奇

你有沒有聽過一句話「忍一時風平浪靜、退一步海闊天空」？每次聽到長輩和我講這句話，我腦袋裡那根理智線就會斷掉：「好啊那我就讓對方退一步海闊天空！」但今天要講的主角，她最厲害的功夫正是這個字：忍！

剛開始，忍公公、忍丈夫、忍小三；等到掌權後，忍臣下、忍兒子。就在感覺好像要就這麼一直忍到最後的時候，她卻間接促成了法國宗教改革史上最殘忍的事件。到底這位凱瑟琳・德・麥第奇（Catherine de Medici）這輩子是怎麼熬過來的？接下來就一起來看看吧——

大家還記得第一篇的內容嗎？當時歐陸的兩大巨人——神聖羅馬帝國的查理五世與

法國的弗朗索瓦一世，兩人就這樣相愛（X）相殺（O）了一輩子。這一篇的主角凱瑟琳·德·麥第奇，正是弗朗索瓦一世的兒媳，而她的震撼教育從嫁過來的第一晚就開始了：當時才十四歲的小倆口嬌羞地坐在床榻旁，這時凱瑟琳突然看見自己的公公——法國國王弗朗索瓦一世走進房間。

是的，她公公的目的，就是要來監督兩人行房的！（What～～～～??）

不幸童年，讓她學會一生忍耐

一五一九年，凱瑟琳出生於義大利的佛羅倫斯。雖然光從姓氏就看得出來，凱瑟琳娘家正是號稱「文藝復興之父」的麥第奇家族，但可惜的是，這家族的大富大貴是一個世紀前的事，凱瑟琳出生的時候，家裡的狀況簡直糟糕透了。

當時，整個義大利就夾在法國的弗朗索瓦和神聖羅馬帝國的查理這兩大巨人之間，凱瑟琳的親叔叔，也就是當時的教宗克萊孟七世處境非常艱難。在一番思索後，教宗終於決定：好吧就決定是你了法國！

但惹惱神聖羅馬帝國的後果很嚴重。就在一五二七年五月的某個清晨，當時早上的濃霧仍未散去，羅馬駐守的士兵就發現：神聖羅馬帝國軍隊有如潮水般殺了過來！

教宗一接到消息，馬上做出了非常勇敢（？）的決定：逃往防守嚴密的聖天使城堡！至於城堡外的羅馬居民，則遭到血洗的命運。

入侵者闖進城市裡的教堂和修道院，把裡面所有珍寶洗劫一空，祭壇上則沾滿了反抗者的血跡和酒漬，入侵的士兵甚至肢解了當地居民。城堡裡的砲兵死死凝望著城外：那是自己的家，他的妻小正在那裡遭受凌虐。他想開砲，但上面卻下了絕對命令：絕不能朝城外的入侵者開火！最後，無奈的士兵只能狠狠地踩滅引信、哽咽地哭了出來。

這就是歷史上知名的「羅馬大劫」。這場大禍終結了義大利的文藝復興，而同一時間，麥第奇家族在佛羅倫斯的政權也被人推翻了。最後，教宗與神聖羅馬帝國達成協議：只要讓我們麥第奇家族在佛羅倫斯重返執政，我就承認神聖羅馬帝國在義大利的地位！

皇帝查理五世心想：那有什麼問題？接著便派兵圍攻佛羅倫斯，然而在進攻的當下，當時還在城裡、年僅八歲的小凱瑟琳就這樣被捲進了風暴的中心。為了躲避市民對麥第奇家族的報復，她被送進修道院裡長達兩年。

即使如此，凱瑟琳仍無法免於危險——隨著局勢越來越艱困，陷入瘋狂的佛羅倫斯市民甚至公開議論：「將她賣到妓院任士兵蹂躪！」「不，乾脆把她裸體綁到城牆上，去擋神聖羅馬帝國和教宗的砲火！」某天深夜，最恐怖的事情終於還是發生了：幾名火槍手準備擄走凱瑟琳，並揚言如果不從，就要破門而入並放火燒掉修道院！

這是小凱瑟琳最接近死亡的時刻。所幸修道院的修女們抵死不從，火槍手最後才終於放過了小凱瑟琳。但從那時起，恐懼的種子就種在她的心中，她知道，在那些能掌握自己生死的人面前，自己所能做的只有一件事：不斷委曲求全。

很快的，麥第奇家族的支持者重返執政，小凱瑟琳也終於脫離了危險，被接往教宗叔叔身邊。

當教宗終於看到已五年不見的姪女時，他眼中飽含淚水、張開雙臂緊緊抱著她。她是已殘破不堪的麥第奇家族最後一縷香火，為了替她找到合適的結婚對象，教宗投入全部精力，最終竟然促成她嫁進全歐洲最強大的政治家族——法國王室，成為弗朗索瓦國王的兒媳婦！

這是病入膏肓的教宗最後一次個人勝利。爲了讓凱瑟琳體面出嫁，教宗大手筆地允諾了高達一萬枚金幣做爲嫁妝，外加價值三倍以上的首飾和陪嫁品。更誘人的嫁妝則是檯面下的：據說爲了促成這樁婚事，教宗私下同意法國占領義大利的六座城市，其中甚至包括像比薩這樣的大城。這也就是爲什麼婚禮當天，法王堅持要親眼目睹新人行房，以防未來有人宣稱婚姻無效，把嫁妝收回去。

但凱瑟琳不曉得的是，這只是未來無盡屈辱的開頭而已——

任人宰割的豪門生活

萬萬沒想到，嫁進王室一年後，凱瑟琳的教宗叔叔過世了。

教宗過世讓凱瑟琳的公公弗朗索瓦一世非常惱火：教廷和法國的聯盟崩潰了、嫁妝也沒了！現在只剩下一個孤零零的十五歲小女孩，身材矮胖、舉止笨拙、還帶著一口濃濃的義大利口音。法國國王鄙視地說道：「這姑娘赤條條地來到我的宮廷裡。」

凱瑟琳要面對的不僅是公公，丈夫亨利王子更是個憤世嫉俗、容易動怒的傢伙。事實上，王子會有這種性格並不是沒有原因的。五歲前的他，還是個親切迷人的小王子，但短短一年內，他的生活整個天翻地覆：先是溫柔慈愛的母親過世，然後老爸又在戰爭中被死敵神聖羅馬帝國俘虜，被迫割讓一大部分土地。爲了確保自己的承諾會實現，老爸將兩名王子留在敵方，沒想到才一踏上法國土地，他馬上興奮地歡呼：「我又是一名國王啦！」

……接著就立刻撲進情婦的溫柔鄉（等等兒子怎麼辦？）。

當時年僅六歲的亨利王子和哥哥就這樣被扔在神聖羅馬帝國。後來，神聖羅馬帝國不斷降低兩位王子的待遇，最後兩人被轉移到一座冬季酷寒、夏季酷熱的石堡裡。伙食和衛生條件都極度糟糕，而且舉目所見，連一個會說法文的人都沒有。

四年後，法王才終於將兩名年輕人贖出來。但再見到兒子時，亨利王子的轉變讓國王嚇了一大跳──過去那位親切迷人的小王子，如今變成了一名滿腔悲憤、對自己父親深惡痛絕的年輕人。這個「父親」不但把他們丟在神聖羅馬帝國不聞不問，更要他娶這個又矮又不起眼的凱瑟琳，亨利有多不甘願也是可想而知的。

王子根本就無心跟凱瑟琳相處，他所有的心力都放在比自己大十九歲的情婦黛安娜．普瓦捷（Diane de Poitiers）身上。

黛安娜是亨利祖母的侍女，當年王子們即將遠行充當人質前，就是她代替王子死去的母親向他們吻別。這時，芳齡三十多歲的黛安娜身材高䠷、胸型完美（這對亨利而言很重要），舉手投足間充滿了知性的優雅，又有足夠的性經驗（這對亨利而言更重要）。

在亨利王子心中，身材矮小的凱瑟琳在任何一方面都比不上情婦。根據八卦編年史家記載，凱瑟琳甚至命人在牆壁上鑽孔，好偷窺自己的丈夫與情婦！從小洞裡，她看見一名美麗女性半裸著身體，盡情愛撫著自己的丈夫，同時也享受對方的愛撫……

目睹這一幕的凱瑟琳哭了，對侍女說：「……他從來……沒這樣對我……」

在這個偌大的家裡，凱瑟琳像個局外人。拯救她的方法只有一個：生下能繼承王位的男嗣！

遺憾的是，三年過去了，凱瑟琳的肚子一點動靜都沒有。為求一子，凱瑟琳幾乎什麼方法都試過：特殊的膳食、神祕主義儀式、特效藥水、隨身攜帶一只裝有青蛙骨灰的盒子，甚至還養成了喝懷孕牲畜尿液的習慣！只是沒有任何一項方法奏效。這時宮廷裡也開始出現風聲：許多人已經在勸說國王，爲了王朝命脈延續，必須解除王子與凱瑟琳的婚姻關係！

這樣的壓力讓凱瑟琳幾乎到了崩潰邊緣。如果凱瑟琳的婚姻失效，那麼她等於徹底完蛋，她會帶著失敗的恥辱回到義大利，而等待她的很可能就是在修道院度過餘生。

面對這樣的絕望情境，你會怎麼做呢？反抗？大鬧？

史上最奇葩的合作模式

凱瑟琳的反應出乎意料。說到她最大的優點，就是「忍」。長年以來，無論王室成員和其他貴族對她多無禮，她始終都能面帶微笑、從不口出一句抱怨。即使在這麼多人建議撤銷婚姻，甚至連國王——她的公公弗朗索瓦一世都開始動搖的時刻，她仍憑著一己之力，成功扭轉了這次危機。

當時，她去找自己的公公，告訴他：爲了履行對法蘭西王國的偉大義務，她情願承受巨大的痛苦，也不會抗拒他的意志。「我願意進入修道院……或者，如果這樣做會讓陛下高興的話，我也可以留下來，爲接替我的女子服務……」

公公聽完凱瑟琳的話，立刻被她的犧牲精神與痛苦給打動，他當場保證，凱瑟琳永遠不會被休。但是繼承人的問題依舊存在，怎麼辦呢？

接下來，凱瑟琳的做法就不是每個人都能辦到的了：她放下所有自尊，請求情婦與她「合作」。

從一般人的眼光看來完全無法理解，但其實只要細想，就會發現這筆交易很划算——對正宮凱瑟琳來說，這是保住自己婚姻的唯一機會；而對情婦來說，亨利本來生性風流，與其之後再出現什麼小四小五小六，不如留著這個貌不出眾的正宮。

情婦答應了。

接下來，兩人開始了可能是史上最神奇的合作模式：到了晚上，情婦把亨利弄得欲火焚身，然後在最關鍵的時刻把他踢出去、要他回到正宮身邊。這時丈夫會到凱瑟琳的房間，花幾分鐘盡完丈夫的義務，然後又～回到情婦那裡。這種「合作」模式持續了七

年，凱瑟琳終於在二十四歲時產下一子；而後，凱瑟琳總共生下十名子女，證明她的生育能力一點問題也沒有。

看不到盡頭的忍耐突然一夕解脫

轉眼間，凱瑟琳二十八歲時，公公弗朗索瓦一世駕崩，丈夫終於繼位爲法王亨利二世。但做爲正宮王后，凱瑟琳幾乎每天都要面對公然羞辱：國王對情婦黛安娜的迷戀絲毫沒有減少，他會當著賓客的面坐在黛安娜腿上，還一邊撫摸她的胸部。國王不但把所有珍貴的王室珠寶全都送給了她，甚至連王國最寶貴的珍珠——香儂頌城堡（Chenonceaux）也送給了她。而凱瑟琳明明貴爲王后，竟然只能委身在次一等的肖蒙城堡（Domaine de Chaumont-sur-Loire）。

此外，頗具政治手腕的黛安娜還在宮廷培養自己的勢力，但凱瑟琳卻甚至連撫養自己子女的權利都沒有：凱瑟琳懷上第一個孩子後，還來不及從懷孕的喜樂中平靜下來，丈夫就以黛安娜有養育孩子的經驗爲由，讓情婦掌管兒女的教養權。長達十幾年的光陰裡，凱瑟琳在養兒育女上完全沒有話語權，只有透過王家育兒主管的信，才有辦法獲得關於兒女近況的隻字片語。

但即使在這樣的婚姻中，凱瑟琳仍得小心翼翼地藏起自己的嫉妒與痛心。從各種文獻來看，凱瑟琳的確深愛自己的丈夫，不管丈夫怎樣對待她，她都得擺出一副樂於接受這種安排的樣子，才能讓丈夫與情人「容忍她的存在」。

可是這樣的日子還要過多久呢?嫁過來之後，她忍了十三年才成爲王后；成爲王后之後，又忍了丈夫與小三同進同出十二年。日子就在無盡的忍耐中日復一日，看似毫無盡頭。

直到一五五九年的夏天，凱瑟琳突然解脫了。

那是一場騎馬比武慶典，法王亨利二世親自上陣。但比武過程中，對手的長矛折斷，斷矛就這樣直直地刺進國王臉部的護甲。十天後，亨利二世駕崩。

成爲遺孀的凱瑟琳哭到無法自已；不過很快的，我們就可以看見「名分」在那個時代的重要性。凱瑟琳成爲太后後所做的第一件事情，就是把那座漂亮的香儂頌城堡從情婦手中搶回來，並把肖蒙城堡換給她。短短一天之內，情婦建立起來的政治機器便土崩瓦解——事實上，第一個宣布效忠太后的，正是情婦最忠實的戰友。然而此時，一個更加棘手的問題卻橫在凱瑟琳太后眼前，那就是宗教。

什麼？當了太后還要忍？

當時，宗教改革之火已燃遍整個歐洲大地，做為歐洲大國的法國自然也不例外。一位與馬丁·路德齊名的宗教改革家約翰·喀爾文（John Calvin），已將自己的教義傳遍了法國與瑞士地區。他的教會裡沒有主教，牧師間彼此平等，教堂則遠比天主教堂更潔白純樸；沒有祭壇、聖像，或任何會使人從祈禱中分心的東西。之後，這些人一起組成名為「胡格諾派」（意為同伴）的宗教團體，人數雖然不多，但許多高官貴冑都已改宗。

只是天主教勢力仍然占絕對優勢。在十六世紀中期，巴黎天主教與新教徒的比例大約是九十七比三。心思縝密的凱瑟琳太后知道，舊教勢力太過龐大，只有拉攏新教勢力，才有辦法壓制舊教，並同時在兩邊運籌帷幄。最後在她的要求下，一五六一年，兩邊終於在普瓦西（Poissy）舉行了一次和平會談。

隔年，還簽署通過了《七月敕令》——這是法國首次允許新教徒合法在國內建立禮拜場所、在各處進行禮拜活動，而不必擔心騷擾和迫害。

這項法令讓新教士氣大振，幾百名新教徒開始公開聚會、他們用法語布道、大聲誦唱讚美詩。然而這個結果讓原本對王室有所期待的天主教徒大失所望。當時的法國天主教代表人物吉斯公爵，就在一時憤怒下，徹底引燃了宗教戰爭之火——

話說，會談結束後，心灰意冷的吉斯公爵原本已經打算漸漸退出政治圈。他回到自己的領地，整天就是騎馬散心、打獵訪友、檢查帳本。有一天，公爵拜訪了自己的母親——一位極度虔誠的天主教徒，她問公爵：「新教徒是否已入侵了我們鄰近的城鎮？」公爵還來不及回應，老母親便繼續說：「他們是否在建立異端的教會？當地政府是否知道？如果他們知道，卻不加以阻止，那麼新教徒也許會把邪惡的教義傳播到我們家門口！」她對公爵喊道：「著手解決這件事吧！」

吉斯公爵如夢初醒，立刻帶領兩百名武裝騎士前往鎮上，也果然發現了五、六百名新教徒；更糟糕的是，公爵發現他們竟在自己所擁有的一幢房產中集會！新教徒竟然未經他的同意，就占領了那幢建築！

這簡直是奇恥大辱！一時之間，各種新仇舊恨全都湧了上來，氣急攻心的他下令士兵襲擊。武裝騎士一接到命令，立刻衝進手無寸鐵，甚至還有婦女孩童的新教徒集會之中，用槍刺、用刀砍殺這些他們眼中的異端；其他的群眾則高喊：「殺！殺！看在上帝受難的分上，殺光這些新教徒！」

最後，當時集會的新教徒中有五十人死亡、兩百人受傷。這場屠殺引爆了全國的信仰戰爭，從此一發不可收拾——

在大屠殺後，無路可退的吉斯公爵乾脆率軍直往巴黎而來。在巴黎，數以萬計的官員和民眾高聲歡迎，迎接公爵進城。城裡的官員告訴公爵，他們已經召集了兩萬人與六百萬里弗（約兩億美元）的金援，一些天主教徒甚至感恩戴德地將他比做查理曼的化身。

一時間，整個王國遍地烽火。根據一名新教徒所述：

「……雙方犯下的野蠻行徑不可勝數。凡是新教徒占上風的地方，聖像和陵墓都遭到了破壞；另一方面，天主教徒也屠殺或淹死所有被控爲異端的人，河流裡浮屍充塞……」

另一方面，王太后也遇上了她攝政以來的最大危機。國內的新舊教爭端讓她簡直天天如履薄冰，但一直想維持和平的她卻沒看見，兩派在當時已到了水火不容的程度：舊教徒和新教徒有著同樣的目標，就是摧毀對方的教會！對強硬派來說，和平是屈從、放棄和怯懦的同義詞。在他們看來，那些不信奉自己所持信仰的異教徒只要有任何機會，一定會趁機擴張自己的實力、毒害人們的靈魂！

在彼此互不信任下，謠言與仇恨不斷孳生，就這樣僵持了四年。最終，新教陣營先沉不住氣了——或許是因爲勢力相差太過懸殊，他們認定西班牙和法國的舊教勢力，遲早會對他們發動毀滅性攻勢，因此一五六七年秋天，他們決定要先發制人！

新教徒準備綁架凱瑟琳的兒子——年僅十六歲的法王查理九世，讓他遠離王太后。

氣急敗壞的太后

然而，這項計畫卻不小心走漏了風聲。凱瑟琳太后知道後，整個傻住了，她的第一個反應是：爲什麼？爲什麼是新教陣營??

情況緊急，她急忙傳喚六千名瑞士傭兵將王宮團團護住。強悍的瑞士衛隊舉著長矛，將王宮包圍得有如一隻巨型刺蝟。新教徒眼見事跡敗露，在準備還沒完成的情況下，便先行對王宮發動攻擊，最後當然也因爲無法突破而失敗了。已無退路的新教徒隨即發表聲明，表示這次叛亂師出有名！「國王的臣民不堪重債和苛稅的負擔，而這一切都是只會空口說白話、卻從來不曾眞正想實現和平的太后害的！」

太后徹底發怒了。

在她當政這麼多個年頭裡，多少次挺身抵抗勢力龐大的舊教陣營，結果換到了什麼？新教徒錯估了達成和平的難度，也沒看見太后對新教徒的誠意。太后感到悲傷，但更多的是憤怒。這讓她在一封信中大罵：

「……這次沒有任何理由的起義是一項惡毒的行爲，這是世界上最惡毒的行徑、純粹的背叛！……這將會帶來損害我們生活和顛覆整個國家的危險。」

活到現在，她忍了一輩子、憋屈了一輩子，但她無法原諒忘恩負義的人。她下定決心，務必消滅這些與國王爲敵的敵對者；最大的目標，就是新教徒的靈魂人物——法國海軍上將柯利尼（Gaspard de Coligny）。

這位柯利尼將軍不但是新教徒，更讓凱瑟琳無法忍受的是，他正在帶領國王脫離母親的控制！事實上，攝政這麼長一段時間以來，太后根本沒注意到兒子早已長大、擁有自己的思維和想法。將軍不斷鼓舞年輕的國王，說他必然可在戰場上發光發熱，成爲一個有如爺爺弗朗索瓦一世般名留青史的「騎士國王」。

想當然耳，國王歡喜得不得了，最後甚至稱柯利尼爲「我的父親」。

太后亟欲除掉這個影響國王的老將軍。當時，整個法國正在舉辦一場極具意義的婚禮：太后的女兒、信奉天主教的瑪格麗特公主將嫁給信奉新教的丈夫。根據當時的評價，公主的美「與其說屬於人間，不如說屬於上帝」。

但這並非是堅信舊教的公主所期望的婚姻。婚禮前夜，公主無助地哭泣了整個晚上；到了當天早上，巴黎聖母院前聚集了一萬五千多人，爭先恐後地目睹公主現身的瞬間：公主木然的表情配上蒼白的臉孔、頭上戴著閃閃發亮的鑽石王冠、披著長長的貂皮鑲邊長袍，她的美麗絕倫讓人爲之屏息。

但就在婚禮後所舉行的慶典中，一件不尋常的事發生了：正當柯利尼走出羅浮宮時，一名殺手早就埋伏在附近的房子裡，舉起火繩槍對準了他，接著扣下扳機——

「砰」的一聲後，柯利尼應聲倒地。幸好，子彈雖然擊中了上將，卻沒有命中要害，只擊中了他的手臂。國王聽到消息後大吃一驚，馬上親自前往探望，並憤恨地對著受傷的柯利尼發誓：「受傷的雖然是你，但受到汙辱的卻是我。我發誓會血債血還，絕不姑息！」

然而，正當他義憤填膺、發誓要血債血還的同時，卻沒發現自己的母后一臉冷峻地站在身後。根據其中一種說法，國王的母后凱瑟琳·德·麥第奇，其實也是整個刺殺行動的知情者，甚至是整場陰謀的一分子！

這時的太后知道刺殺行動已經徹底搞砸了，如果王室啓動調查，很快就會查到太后身上。她只能找上國王，用委婉的語氣告訴他：刺殺將軍的並非只有天主教徒，國王的母后和國王的兄弟，都有分。

面對這爆炸性的消息，國王感到萬分震撼。

對年輕的國王來說，這幾乎是一種類似希臘悲劇的掙扎：自己視爲父親的人物遭到刺殺，而自己的母親竟然在這陰謀中湊了一腳！

正當國王還沒反應過來時，太后已開始苦苦哀求，聲淚俱下地回憶起自己當年怎樣含辛茹苦地養大國王；在他即位後，又怎樣爲國王的榮譽任勞任怨，爲他的利益兢兢業業。

接著，太后又告訴國王，柯利尼根本不是他心中的英雄人物，而是法國的威脅；無論柯利尼宣稱自己如何愛戴國王，國王都應該記住，這只是表象。現在太后有確鑿的證據可以證明，新教徒想透過起義，將國王和王室成員全都殺死，並顛覆法國。

查理九世面對此生最沉重的抉擇：如果他要彰顯正義，就必須譴責甚至懲罰自己的母親，光是想到這點，就讓他感到害怕。接下來的整個晚上，太后、王弟及一小群顧問輪番上陣，不斷對國王進行疲勞轟炸。在太后的「提點」下，國王開始想起柯利尼的缺點，包括他的功高震主，和他的傲慢。

大屠殺之夜

查理九世想到，過去即使是在國王面前，柯利尼也絲毫不克制自己的脾氣。柯利尼要求國王必須依他的意志行事，「如果國王不從，那麼他的王國將面臨前所未有的巨大動亂。」

他也想起柯利尼遭到刺殺後，過度氣憤的新教徒對他說的那些話。他們要求國王主持正義，「如果國王做不到，那麼將軍的朋友們將自行伸張正義！」

這樣的一席話，等於完全否定只有國王才是能主持正義的那個人。新教徒的態度也越來越囂張：當後來有傳言指出，一名信奉天主教的皇親國戚是嫌犯時，新教徒竟然準備衝進那人居住的羅浮宮，準備殺死他；而被憤怒沖昏頭的新教徒也說了一些藐視王權的過激言論。

可怕的是，國王似乎信以爲眞了。日後，國王這樣表示：

「上將的力量將更強大……他擁有如此強大的力量能控制我的臣民，我再也不能自稱是絕對的國王，而他竟然統治我的一部分王國。」

柯利尼的權威讓王權蒙上了陰影，這就是國王對他最大的不滿。最後太后拿出了一份名單，記錄了信奉新教的主要政府成員。思考良久後，國王突然像被電到一般，指著名單大吼：

「殺了他們，把他們全殺光！」

有了國王的親口命令，八月二十三日深夜，也就是著名的聖巴托羅繆日④前夜，巴黎市長被傳喚到了宮中。國王下令：立刻關閉巴黎所有城門、各部隊在十字路口時刻戒備，最後，在市政府門前部署大砲。

一等到清晨來臨，一支軍隊便湧進柯利尼上將的房間。

上將知道有什麼樣的命運等著自己，也知道自己的人生已走到盡頭。他盡全力維護自己最後的尊嚴，對來人說：「年輕人，請尊重我的白髮和長壽。」

但士兵完全不理會他的要求。這名老人被人用長劍大斧砍死，屍體被拋出窗外⑤。接著，巴黎城內的兩萬名天主教徒全部出動，所有人頭上都戴著裝飾有十字架的帽子、手臂上纏著象徵純潔的白色袖帶。他們衝到街上，見到新教徒就殺，流過羅浮宮庭園的河水甚至被過多的鮮血染得鮮紅。

這起事件，是整個巴黎宗教史上最黑暗的一頁，它激起了更大、更長久的內戰。但這樣的歷史也許可以讓我們思考：當整個社會已經對立到彼此極度不信任，當任何一

④或譯為「聖巴羅多買」，耶穌十二門徒之一，八月二十四日為他殉道之日。

⑤有關柯利尼上將遭到刺殺和大屠殺的各項細節，至今仍有不同說法。本文所採取的僅為其中一種。

點動作都會被對方視爲敵意的展現時，到底多微小的一點點火花，就足以產生連鎖反應釀成大禍？而在這個分崩離析的社會裡，掌權者到底該做些什麼，才能消弭彼此的敵意呢？

歐洲羅曼死關鍵字

#十六世紀　#麥第奇家族　#教宗克萊孟七世
#弗朗索瓦一世　#羅馬大劫　#約翰喀爾文　#胡格諾派
#胡格諾戰爭　#聖巴托羅繆日大屠殺

旁人眼中的驚世駭俗，也許只是他想被看見的聲聲呼喚

——奧爾良公爵菲利普

你聽過這個名字嗎：奧爾良公爵菲利普（Philippe d'Orléans）？

沒聽過其實是很正常的。無論多明亮的人，在太陽旁邊都會顯得黯淡無光。在十七世紀的法國，這個人的地位僅次於國王，也是王位繼承者的第二順位；但他從小卻被當成女孩養大，重病在床時，母親更未在一旁照看，他只能眼睜睜看媽媽帶著哥哥離自己遠去。

他的一切一切全都得圍繞著哥哥存在。你可能沒聽過他，但你一定知道他的哥哥——「太陽王」路易十四。

一出生，哥哥就被當成「上帝的禮物」，至於弟弟就……隨便啦！

讀完菲利普的故事後，你的確會感覺「天啊媽媽也太偏心了吧??」，但那個時代，媽媽之所以偏愛哥哥確實有她的原因。

上一篇提到的宗教紛爭開始後，逐漸在整個歐洲越演越烈，終於在十七世紀時打了一場漫長的三十年戰爭，最後連法國都加入了戰局。就在這對外用兵之時，法王路易十三（Louis XIII）的王后安妮在待產中度過自己的三十七歲生日——在當時的法國，這年紀都可以當祖母了。

意思是，肚裡的孩子很可能是安妮王后最後的希望。當年結婚時，她才不過十四歲。雖然她的長相的確標緻動人——一頭濃密的栗色頭髮下，透出雪白的頸項，綠色的眼珠也閃著動人的光芒。但即使有傾國傾城的微笑，也打動不了自己的丈夫。原因很簡單：丈夫路易十三一直對大他二十三歲的「寵臣」呂恩斯公爵有著狂熱的依戀。

根據傳說，竟然還是這位寵臣促成了國王與王后圓房：是他將啜泣不止的路易十三送進王后的房間，讓兩人盡了夫妻義務。然而，在經歷過二十二年有名無實的婚姻與四次流產後，兩人都已經到了絕望的關頭。路易十三甚至對著妻子咆哮，指責她：「妳是不是勾結了我弟，準備等我死後奪走我的王位？」

就在這個黑暗時刻裡，這對夫妻終於看見一絲希望的曙光。

有天，一名修道士前來晉見王后，說他在巴黎的一座修道院中看見聖母瑪利亞顯靈，並要他通知王后，表示只要夫妻倆接連在三間位於法國和義大利的教堂進行禱告，王后很快就能懷孕。王后照做後，沒多久竟眞的傳出懷孕的好消息！

九個月後，所有的產前準備都已完成——王后被送到巴黎郊區的城堡待產，王家專用的產床也從櫃子中拖了出來，放在一個能俯瞰河流與花園的房間裡；雖然醫生已經做好了一切準備，然而在嬰兒致死率達三分之一的十七世紀，沒人能保證新生兒眞的能順利降生。

終於，在眾人的圍觀中（是的，爲了避免狸貓換太子，法國王后產子是公開進行的），路易十三興奮地大喊：「男生！是男生！我們有王太子了!!」

舉國上下歡聲雷動，對王后來說尤其如此。這是多神奇的一件事，就因爲一名新生兒的誕生，王后的地位，甚至整個王國都獲得了保障。這名新生兒是貨眞價實的「le Dieudonné」——上帝的禮物。

從兒子路易出生那天起，王后日日夜夜都跟他膩在一起。在王后寢宮裡，有一把鑲著流蘇的綠色天鵝絨小椅子，專供小路易使用，就連學步車上也縫有紅色的天鵝絨。正因爲哥哥的誕生如此耀眼，因此兩年後，當弟弟菲利普也跟著來到世界上時，獲得的目光就顯得黯淡許多。弟弟的誕生頂多只是一個王位繼承者的再保險，但在母后心中，哥哥路易始終都是她心中的王，唯一的王。

很快的，小小年紀的路易與菲利普就遭逢巨變——一六四三年五月十四日，路易十三死於結核病。接到消息後，安妮王后急急忙忙來到亡夫床邊，確認丈夫已經過世後，她轉向自己的兒子路易，緩緩對著他跪下，喊道：「我的兒子，我的國王。」

就這樣，這個年僅四歲又八個月的路易成爲了路易十四（Louis XIV），而他也是未來法國最知名的「太陽王」。

做爲年幼國王的母親，安妮王太后自然肩負起攝政之責。不過很快的，王太后就發現自己的地位根本就是岌岌可危——自從國王過世後，太后面對的是一大票貴族，想趁王室虛弱時尋求更多領土、更多權位；而想沾親帶故的親戚也像嗜血的鯊魚，啃食著王室早已血跡斑斑的碎肉。這些人口口聲聲說哪一部分的利益是自己應得的，否則就要做出對王室不利的舉動。

缺乏公共事務經驗又軟弱的王太后根本不敢開口拒絕。面對王室權威遭受重創，她把全部希望都放在長子路易身上。她不斷告訴兒子：等你親政後，你必須是整個王國的主宰，你必須是整個國家一切恩寵和利益的唯一來源，所有的貴族都必須仰望你……

你，就是國家！

哥哥是母后的太陽，弟弟卻是母后的……小女孩？

隨著路易逐漸長大，他和母親的關係越來越好，時常一起享用來自西班牙的巧克力，還有肉湯、香腸、肉排；甚至還會在太后以藍金色爲基底的豪華大理石浴室裡共浴。

至於弟弟菲利普，也不能說太后不愛他，只是用「另一種方式」來愛他。自從老國王死後，王太后在朝政上天天受制於亡夫的弟弟加斯頓公爵（Gaston Jean-Baptiste, Duke of Orléans），她因此切身感受到：國王的兄弟的確有可能對國王造成危害，於是她用盡一切辦法，就是爲了避免這樣的危害——

自菲利普三歲起，太后便讓他穿上裙子，並稱他爲「我的小女孩」（!!）。隨著兄弟倆長大，彼此爭寵也是很自然的，但太后的做法並不是盡力平衡兄弟倆的待遇，反而厲聲地對弟弟說：要服從哥哥！

在教育方面，哥哥受到的教導顯然更好。有一次，宮裡的人把菲利普的家庭教師叫過來罵了一頓，原因竟然是菲利普王子的學業成績太好了。

家庭教師八成被罵得莫名其妙。但宮裡的人說：「想想看，你正在把國王的弟弟變成一個聰明人！如果他變得比國王更有學問，他要怎樣服從國王？」

接著便命令老師馬上停止上課、放菲利普出去玩。就在這種放牛吃草的做法下，菲利普的學習大有問題，到後來甚至連自己的筆跡都看不懂。有次他看了看自己寫的東西，最後卻把那張紙推給別人：「幫我讀這個，我看不懂我寫了什麼。」（那人表示：等等那我怎麼可能懂??）

大病中，只渴求母親關懷，母親卻轉身離開

但最讓菲利普寒心的，應該就是生病時母親的態度了。七歲那年，菲利普得了麻疹，不過母親看到自己生病後的第一個反應，竟然不是照顧他、擔憂他的身體，反而帶著哥哥路易逃到七十五公里外的楓丹白露，把菲利普孤零零地一個人扔在巴黎！只有在自己的病況越來越糟糕時，母親才終於回到他的病床邊。可惜這樣幸福的日子只維持不到短短三天，沒過多久，母后便又走了。

原因很簡單：路易想媽媽了。

等到病好後，母親和哥哥才再度回到巴黎。一看到大病初癒的菲利普，母親簡直不

敢相信：他消瘦得不成人形，且臉色極度蒼白。

一年之後，路易也生了病，沒想到母親的態度截然不同：從路易十四臥床的那天起，王太后便衝到他的病床邊，日日夜夜待在那裡；甚至因爲太過操勞，連自己的身體也出了狀況。在路易生病的那段日子裡，太后不斷地對每個人說：「如果國王不在了，我也沒有力氣活下去了……」終於，路易的身體一天天好轉，欣喜若狂的太后甚至下令公開舉行宗教活動來大肆慶祝！

十歲的國王就這樣在群眾簇擁下，熱鬧前往巴黎的大教堂，公開向眾人表達感謝。菲利普當然也出席了。看著自己的哥哥路易成爲全場目光的焦點，就算他只有八歲，也心知肚明：自己從鬼門關前回來時，根本沒有人爲他舉辦過這種儀式。

這時，時間已經到了一六四八年。這一年的巴黎很不平靜，因宗教而起的三十年戰爭雖然已經進入尾聲，但爲了籌措龐大的軍費，政府想出許多名目來搜刮民脂民膏，這些措施也當然會造成極大的民怨。最後，人民把怒火指向太后與國王，兩人都遭受排山倒海的誹謗。

這些攻擊讓安妮太后憤怒到了極點，因此下令公開逮捕三名最不聽話、卻在民間享有極大聲量的高等法院院長。沒想到這場逮捕行動點燃了民眾的怒火，憤怒的民眾拿起一種投石器（Fronde），攻擊政府支持者的住宅。很快的，這種行爲就演變成激烈的武裝起義：一夜之間，整個巴黎築起一千兩百個街壘。反政府人士做出決議：抓住國王、將太后關進修道院，並扶植路易十三的弟弟——加斯頓公爵執掌大權！

王權遭受到史無前例的巨大威脅。爲了確保國王安全無虞，太后的首席顧問請求太后帶著孩子出逃巴黎！然而這時，菲利普卻不巧得了天花，最後眾人決定：將菲利普留在巴黎、先帶哥哥走！

一六四八年九月，母親帶著路易避難，再次將菲利普孤零零地丟下，任由高燒、噁心等症狀折磨他。一直到九天後，才有人把他放進馬車車廂裡、偷偷運了出來。

這場名爲「投石黨之亂」的起義持續了整整四年，整場反抗運動終究還是獲得了鎮壓，但已故國王的弟弟加斯頓公爵因爲曾獲反對陣營推舉，遭到了恥辱的流放。

這場起義爲路易和菲利普帶來長久的心理影響。路易再也無法信任巴黎，最後選擇了一個遠離首都的小鎮凡爾賽，做爲自己的統治中心。另一方面，雖然暴亂也爲菲利普帶來深刻的恐懼，但他卻對遭到流放的叔叔產生了深刻的同情與共鳴。小小年紀的他非常能理解叔叔做爲王弟的痛苦與孤寂。因此即使叔叔遭到流放，菲利普仍寫信給他：

「……因爲我們對彼此的保證與情誼，值得我冒險……無論發生什麼事，都不會減損我對你的尊敬，和對你強烈的愛。」

隨著青春期的到來、兄弟倆也邁向成熟，而菲利普的苦難也才正要開始——

王宮裡，什麼奇怪的事情都不奇怪～

在王權底下，愛、恨與嫉妒，都變得怪誕。

轉眼間，投石黨之亂已過去了三年。這一年，路易十四即將迎來加冕典禮。這場典禮代表十六歲的國王已有足夠的能力親政，更象徵王權至高無上的榮耀。

有著高聳哥德式建築的蘭斯大教堂（Notre-Dame de Reims）內，到處都掛著繡有王室圖騰的掛毯。在眾人的注視下，查理曼金冠（法國國王加冕之冠）緩緩放到路易十四頭上。之後，路易國王便登上王座，接受眾人朝拜，弟弟菲利普也是其中之一。他走上前，跪在哥哥的腳邊，俯身親吻哥哥的腳……

這正是路易與菲利普兩人境遇的寫照。投石黨之亂後，安妮王太后更加疼愛哥哥，對弟弟則相當提防；她之所以將菲利普喚做「我的小女孩」，就是爲了斷絕弟弟對哥哥的威脅。

潛移默化之下，菲利普從三歲起就習慣了女性的陪伴。他喜歡幫女孩們梳妝打扮、整理頭髮，也喜歡美麗的珠寶、色彩豐富的織物。到後來，他不但喜歡穿女裝，甚至比女子更了解女性時裝的流行風格。等菲利普進入青春期後，甚至同時對男女性都產生了感情。不過，當王太后發現菲利普的陰柔氣質時，非但沒有加以阻止，反而感到十分滿意。在若有似無的鼓勵下，根據某則宮廷傳言，正是首相馬薩林的姪子幫菲利普……嗯，突破了結界（懂什麼意思吧？）。

只是在這樣的環境中長大，也讓菲利普一直活在深刻的矛盾裡。哥哥路易逐漸成爲

一個積極進取、自信旺盛的人，菲利普則成爲太陽下的一個小陰影，被各種冷落和內疚感深深折磨。這讓菲利普變得相當易怒，沒人知道在他漫不經心的外表下，其實隱藏著沸騰的怨恨與憤怒。比方說，有次宮廷舞會，菲利普不小心踩到了舞伴的裙子。這時賓客中有位女士突然發出笑聲，菲利普聽見後，竟氣急攻心，當眾給了她一記耳光。

如果對象是別人，還不至於釀成什麼大禍；但如果菲利普攻擊的對象是自己的哥哥，也就是國王路易十四的話，事情就非常嚴重了。

事情發生在他倆的臥室裡，有天半夜哥哥感覺不舒服，起身就吐在菲利普床上。菲利普驚醒，看到這般場景，怒急攻心，馬上也跟著吐在國王的床上。接著就是各種禮尚往來，等到最後沒東西可吐、膀胱也沒尿可以尿的時候，兄弟倆就在房間裡撕床單、扭打在一起。

這件事驚動了整個宮廷，之後菲利普被狠狠地懲罰了一頓，更讓菲利普怨恨自己的哥哥。有一次，菲利普終於對一位親近的女士透露自己最內心深處的想法：他對於國王對待他的方式感到非常悲痛和怨恨。

長大後，兩人的爭吵仍在持續。有一次，兩人再度吵了起來，但沒過幾個星期，一起事件差點改變了兄弟倆的一生……

哥哥大病，母親與弟弟感情終於升溫；哥哥病一好，就又……

一六五八年夏天，路易十四剛滿二十歲。

那時，國王剛巡視完一處條件非常惡劣的營區，回來後突然頭痛了起來。沒想到症狀很快就變成了高燒，在接下來的十天裡，儘管醫生用盡一切方法爲他治療，但路易的情況越來越嚴重。首相馬薩林似乎也放棄了希望，寫道：自己已準備好面對一個「比我自己的死亡更可怕」的事件，「願智慧和審愼決定，能讓我們爲所有可能發生的事情做好準備……」

心碎的王太后則日夜待在路易身旁，不管別人怎麼勸她稍微休息，都充耳不聞。做爲第二順位的繼承人，當菲利普被告知不得接近哥哥時，他展現了自己對哥哥的眞實情感：聲嘶力竭、絕望地哭泣了起來。

當時的王太后在一旁被菲利普的情眞意摯感動得痛哭流涕。接下來的幾天，王太后眞心地關愛了菲利普。在他一生中，這是母子倆極爲少數的親密時刻。然而這樣的溫暖很快就結束了——在鬼門關走了一遭後，路易國王的燒奇蹟似地退了。

之後，太后再次冷落了菲利普。

那天起，菲利普的行爲也跟著改變了。

過去他極力壓制自己的雙性戀傾向，如今已在眾人面前展露無遺。很快的，菲利普變成有如宮廷小丑般的存在：一名矮個男子，像踩高蹺似地穿著高跟鞋；手上則戴著各種戒指、手鐲和珠寶；舉手投足滿是妖嬈之姿。他也找到了一名同樣是雙性戀的吉什伯爵（Armand de Gramont, Comte de Guiche）爲伴，這位伯爵是宮廷公認的花美男，作風以霸道蠻橫聞名。在一場舞會裡，貴爲一國王子的菲利普穿著女裝，見到了吉什伯爵；沒想到伯爵竟抬起腳，狠狠地踹了王子幾下。這種侮辱王室的舉動立刻震驚了當時在場的所有來賓，但根據一名女士所述，王子「喜歡」吉什伯爵所做的一切（好M）。

不過這些並不是安妮太后關注的重點。她現在全部的精力，全都放在爲自己的長子找尋新娘。畢竟在路易十四大病之後，爲王室保留血脈是最最頭等重要的大事。後來，他們找上了另一個歐洲強國西班牙的公主。

當時法國剛與西班牙進行完一場長期戰爭，路易十四要是娶了西班牙公主，可說是和平的最好證明。不過，當準王后在一六六〇年舉行結婚典禮時，她與法國王室的差異便立刻顯現出來了。

首先，她的額頭太高、嘴巴太大，穿搭品味也有問題。婚禮上，她穿著一條用鯨魚骨做爲裙撐、被稱爲「圓環裙」（farthingales）的寬大裙子，而這種裙子在法國早就過時了。不過在結婚的第一年，王后還是很順利地懷孕了。但就在懷孕期間，年輕又躁動的路易十四又坐不住了；幸運的是，王室很快又新增了一位新成員，那就是路易十四的弟媳、菲利普的新娘——來自英國的亨利埃塔・安妮・斯圖亞特（Henrietta Anne Stuart）。

哥哥：弟弟你喜歡男人對吧？那就讓我來……

十七歲的亨利埃塔與她的妯娌截然不同：白裡透紅的肌膚，讓人想到玫瑰和茉莉花的花瓣；再加上一雙閃亮的漆黑明眸，與帶著珍珠光澤的雪白皓齒，更顯明媚動人。更重要的是，根據當時人們的說法，她身上就是「散發著某種讓人愛上她的東西」。

做爲同樣活潑好動的人，路易和他的弟媳簡直一拍即合，因此當老婆在床上深受孕吐和害喜折磨時，路易每天都和弟媳出雙入對：在王宮花園裡的水池欣賞優雅的天鵝、在月光與小提琴聲的伴隨下在運河邊散步，甚至還在河裡沐浴。現在的問題是：有沒有發生……那件事情？

根據後世的推測，兩人可能接過吻，也或者曾發生一些更進一步的事，不過應該是沒有回到本壘。但不管有沒有發生事情，都已經引爆宮廷裡大量的流言蜚語和醜聞。很快的，事情就傳到菲利普的耳裡。

對菲利普來說，亨利埃塔的緋聞並不是什麼特別讓他難受的事情，問題在於老婆的對象，實在讓菲利普無法接受：爲什麼，剛好就是那個人呢??

才結婚沒幾個禮拜，就被公然戴綠帽已經夠糟了；更糟糕的是，老婆緋聞的對象，竟是自己恨了一輩子的哥哥！很快的，他做出了反擊：把這件事稟報太后。王太后很快就把二媳婦找來，嚴厲地譴責她這種錯誤行爲「嚴重違反禮節與健康」。

在王太后的疾言厲色下，即使是路易國王，也只能退讓了，他倆承諾自己不會再私下約會。但這時，聰明的國王想到了另一個主意：如果不能找弟媳，那找弟媳的某個侍女當煙霧彈好了！之後只要假藉去找侍女，就可以去找弟媳玩惹。

最後他找上的，就是弟媳的一位侍女，名叫露易絲．德．拉瓦利埃（Louise de La Vallière）。

當時年僅十六歲的露易絲只是一個出身鄉下的小貴族。原本在亨利埃塔心中，這名侍女根本沒有任何威脅性，然而萬萬沒想到，這位侍女出身堅定的保王黨家庭，路易十四的畫像一直都擺在家裡最明顯的地方！

露易絲從小就看著國王的畫像長大，導致她對國王擁有近乎崇拜的迷戀。沒過幾週，國王與侍女竟然假戲眞做，當亨利埃塔氣沖沖地逼問侍女時，露易絲終於忍不住良心的苛責，哭了起來。

現在，輪到亨利埃塔憤怒了：堂堂英國公主、法國王族夫人，竟被一個小小侍女給打敗了！但事已至此，她又能說什麼呢？她很乾脆地放棄了路易，繼續尋找新的對象，好發洩太過旺盛的精力。最後，她終於找到一個人：丈夫過去的「男伴」吉什伯爵！！

菲利普崩潰了。

「心愛的男人不愛我，反而更鍾情於我老婆的美貌?!」這打擊未免太大了。如今，他竟然得眼睜睜看著自己深愛的伯爵和老婆出雙入對，這真是讓他怎樣都無法接受。不過，婚姻還是給了菲利普一點點報復的權利——當亨利埃塔跟吉什伯爵兩人一起「做遊戲」的時候，他刻意讓老婆懷上自己的孩子，好對前男友「宣示主權」。

為了情婦，國王建造了一座巨大輝煌的王宮

另一方面，路易國王這邊也剛好發生了一件事，也就是這件事情，促成了路易國王興建自己最有代表性的巨大宮殿。一六六一年，路易十四的財政大臣為了慶祝自己的子爵城堡竣工，舉辦了一場盛大的宴會。

財政大臣極度興奮，因爲路易十四本人將親臨這場盛會。自從首相馬薩林去世後，這位財政大臣就一直有望繼馬薩林之後成爲政府首腦，只要把國王伺候得服服貼貼，他就有可能完成自己的夢想！

這時，國王跟王室家族成員還有隨從六千人（這數字顯然是太誇大了），從楓丹白露

宮花了三個小時車程，終於抵達了財政大臣的城堡。隨後，財政大臣便驕傲地向路易國王展示自己的宅邸，包括家中的兩百五十座噴泉。當天，財政大臣在這座金碧輝煌的城堡裡舉辦了一場宴會。宴會廳中掛著繡有亞歷山大大帝肖像的掛毯，背後樂團的演奏與噴泉嘩啦嘩啦的聲響流淌在整個空間裡；廚師揮舞著自己的肉刀，侍者則將精緻的食物一盤一盤地送上桌，像是永遠取之不盡、用之不竭。當晚的菜色已經不可考了，但很有可能就是今日法國菜的雛形：無與倫比的醬汁、上好的蔬果塔、蔬菜燉肉酥皮餡餅與風味絕佳的冰鎮葡萄酒。

財政大臣的本意是要好好伺候國王，但這華麗的宅邸、精緻的食物，完全把國王搞得怒火中燒，竟然提前離開了宴會。三個星期後，早就有浮編預算傳言的財政大臣便遭到了逮捕。與此同時，路易十四也學到寶貴的一課：將文化上的創新與富麗堂皇相結合，就可以打造出權力的光環！隨著財政大臣倒臺，他隨即接手了對方的建築師和園林造景師，決心打造一座不同凡響的宮殿，地點就在凡爾賽！

之後，路易十四開始在此地大興土木。最初，路易十四本來只是想建造一個能讓他和情婦露易絲廝混的隱蔽場所，因此凡爾賽花園在設計上，加入了路易十四本人的許多創意——在建造宮殿的過程中，路易十四滿腦子想的就是勾引。透過花園裡的迷宮、密碼，情婦不斷接收到來自國王的愛意，而從王宮中軸線往下望，映入眼簾的便是美麗絕倫的萬頃波光。

總之，路易十四刻意想透過凡爾賽宮創造一種幻象：一個讓人如癡如醉的仙境。在這裡，從裝潢、家具擺設、侍者的制服，甚至是餐點擺盤的花樣形狀，都要經過精心設計。隨著時間經過，這座夢想中的宮殿逐漸成形；然而國王與王弟的故事，卻仍未完結……

母親臨終前，兄弟終於和解，但只撐了……一年

三年後，凡爾賽宮舉辦了一場舞會。

從某個角度來說，這算是凡爾賽宮的開園慶典——超過四千根蠟燭與無數的火炬，

把夜晚的花園照耀得熠熠生輝。晚宴本身則是一場以國王餐桌爲中心的芭蕾舞劇，人數眾多的樂團在一旁演奏，具備舞蹈基礎的侍者則隨著旋律、巧妙地將精緻絕倫的菜餚一一端上桌……

但在浮華的表面底下，悲傷的暗流也正在流淌。在舞會舉辦前不久，路易十四的母親安妮王太后身體就已出現了狀況，經過各種診療後，確定罹患了癌症。

幾近瘋狂的路易十四督促醫生，務必使用最好、最新的治療方法；並通令全國，爲太后進行公開的祈禱與守夜活動。然而隨著腫瘤逐漸侵入太后的身體，她承受的疼痛也越來越激烈。在她生命的最後幾個小時裡，路易十四始終淚流滿面地待在她身邊。但路易身旁，還有另一個人哭得比他還更傷心欲絕——菲利普公爵。

事實上，在王太后人生最後幾年裡，她與小兒子菲利普的關係越來越親近。每當路易國王因國事繁忙，或是因情婦的各種消息致使太后憂傷時，只有菲利普一直待在她的身邊。母子之間曾發生過一件感人的小插曲，體現了菲利普在華麗女裝扮相下的溫柔：當時，病痛中的太后突然一個踉蹌、身子一軟，整個人跌了下去；這時，一旁的菲利普眼看來不及攙扶，竟直接滑到地上，用整個身體護住跌倒的母后。

一六六六年一月，虔誠的安妮太后已做好回歸基督懷抱的準備。這時她最心心念念的，無非是兄弟兩人的和解。她以氣若游絲的聲音，不斷告誡路易要愛護自己的弟弟，也告訴菲利普要尊敬自己的哥哥。隨後，太后就在眾人的眼淚中嚥下最後一口氣。

路易滿面淚痕地站在床邊，菲利普更是溫柔地擁抱著母親的遺體，久久不去。最後，兄弟倆終於互相擁抱，共同發誓要盡釋前嫌。菲利普的確真誠地想和兄長言歸於好，只是當時的他怎麼也想不到，才短短三年，他對兄長的恨意之深，簡直到了無以復加的地步——

說起菲利普和兄長的裂痕，終究還是源於菲利普自己的婚姻。

前面說到，菲利普和妻子的婚姻完全是一場災難。結婚才沒幾個月，兩人的爭吵就從來沒停過。在丈夫那裡無法獲得絲毫溫暖的亨利埃塔，也逐漸開始拓展自己的社交生活：先是和丈夫的「前男友」吉什公爵藕斷絲連了四年，之後又去尋找新的對象。一直到某天，亨利埃塔突然接到一則震撼的消息，說是在荷蘭，開始流傳一本神祕的小冊子，裡面記載著亨利埃塔所有風流韻事；而這件事傳到法國，甚至傳到丈夫的耳中，也只是時間的問題罷了。

亨利埃塔大驚失色，連忙派人趕到荷蘭，想買下小冊子的版權；然而一切都太遲了，小冊子的複製本已送到菲利普的桌上。當他一打開，發現裡頭眞是不得了：A王子、B總督、C伯爵、年輕勇敢的瑞士禁衛軍D隊長，名單裡甚至還有主教！原來，宮廷裡喜好八卦新聞的人們「孜孜不倦」地將亨利埃塔的每個眼神、每則笑語都記錄了下來，再誇張渲染成一件件風流韻事。傳言甚至說，有一次菲利普闖進妻子閨房時，妻子的情人就躲在屛風的正後方。

接二連三的屈辱，再加上不斷遭受打擊折磨，菲利普終於也開始尋找自己的另一個春天，於是這位名叫洛林騎士（Philippe de Lorraine）的俊美男子，就這樣走進了這對夫妻的生活。

洛林是個不折不扣的異性戀，但由於菲利普提供給他享用不盡的財富，使得他樂於擔任菲利普的情夫。正如菲利普的前男友，洛林騎士的舉止傲慢、肆意妄爲地操縱菲利普；這時的菲利普公爵，也開始過起他一生中最荒誕不羈的歲月。

菲利普以被洛林騎士征服爲樂。在舞會裡，他甚至會公開穿著女裝出席，所有人就這樣看著他舉著面具、婀娜多姿地在一群女士身邊坐了下來，接著放下面具。根據當時的人們所說：「他似乎只想被看見。」

很快的，洛林騎士就擁有享用不盡的珠寶與金錢，還有好幾座城堡供他使用，並掌控著菲利普的一切。當然，這樣的行爲讓正宮亨利埃塔憤恨到不行，沒過多久，在菲利普家中，夫人與小三（男），就這樣變成壁壘分明的兩個陣營。

然而，這場大戰卻是不公平的戰役，因爲洛林騎士的陣營擁有菲利普公爵。在那個男女極不平權的年代，丈夫有權控制妻子的所有生活面向，是妻子的主人與錢包；沒有丈夫的同意，妻子甚至無法出門與人碰面。

然而，當勝負看似毫無懸念的時刻，一個最關鍵的角色加入了亨利埃塔的陣營：法王路易十四。

有了國王，除掉看不順眼的男小三易如反掌

原來，當時詭譎多變的國際情勢，讓路易十四非常需要借助亨利埃塔的力量。身爲「太陽王」，路易十四一心要讓法國成爲西歐的霸主，而十七世紀法國最大的競爭對手，正是號稱「海上馬車夫」的荷蘭。

在大約半個世紀前，荷蘭東印度公司從西班牙和葡萄牙手中奪取了海上霸主的地位。從各方面來說，路易十四都有十足的理由痛恨荷蘭：路易十四虔信天主舊教，荷蘭則是個徹頭徹尾的新教國家；路易十四主張「朕即國家」，荷蘭則是一個以商人爲主體的共和國。另一方面，荷蘭人也不喜歡路易十四，他們不斷出版反法刊物，說他好大喜功、窮兵黷武，甚至有傳言說，荷蘭的銀行家爲了挑釁法國，特別鑄造了一枚印章，上面刻上：「有我在，太陽即停止運轉！」

這完全就是衝著號稱「太陽王」的路易十四而來！面對即將爆發的法荷戰爭，路易十四亟需聯合另一個海上強權——英國，而弟媳亨利埃塔的哥哥，正是當時的英王查理二世！

因此，當法國開始祕密聯繫英國時，英王便直接點名亨利埃塔做爲兩國的橋梁：「我妹的仲介，將對英法聯盟的成功至關重要！」

原本亨利埃塔無意介入複雜的外交事務，但逐漸她意識到，如果能辦成此事，她就等同於擁有路易十四這塊無比巨大的籌碼，如此一來，在與丈夫的戰鬥中，自己就能擁有莫大的勝算！於是她提出了要求：如果要她辦成此事，那討人厭的、一直操縱她丈夫的洛林騎士就必須消失！

路易十四表示：那有什麼問題？

一六七〇年一月底，一隊禁衛軍突然衝進菲利普的住所，直接在菲利普面前逮捕了洛林騎士。

菲利普徹底失控了。當國王出現在他面前時，他甚至直接攻擊國王。然而不管他如何叫鬧、爭吵、對峙，都無法改變自己的頹勢。二月初，孤立無援的菲利普寫信給路易十四的一位大臣，請他說服國王還洛林自由：「長久以來，我一直視您爲我的朋友……我懇求您，請陛下考慮一下（釋放洛林騎士），如果他希望看見我幸福快樂……」

在公爵的堅持下，路易十四終於釋放了洛林騎士，但條件是他永遠不能再回到公爵身邊，甚至不能留在法國——最後洛林騎士前往羅馬，並在那裡定居。只是這小小的讓步仍然無法掩蓋菲利普的失敗。

他又輸了——輸給自己的妻子，更重要的是，再次輸給自己的哥哥！他將一切的憤怒都發洩在妻子身上，兩人沒日沒夜地爭吵著。有一次，亨利埃塔終於受不了，狂怒道：「爲什麼不乾脆勒死我算了??我再也受不了這種痛苦了！」

但在絕望的夫妻生活之外，亨利埃塔的仲介的確發揮了作用——一六七〇年，英國同意援助法國、粉碎荷蘭！法國的外交戰略大獲成功，這讓亨利埃塔非常亢奮：她又睡不著了，開始沒日沒夜地參加舞會、在花園裡散步。然而說也奇怪，沒過多久，她的胃部就開始出現了一些疼痛。某天下午，亨利埃塔照例喝完一杯菊苣水後，突然按著自己胸口不斷喊道：「哎呀，我的身體！好痛，好痛！」

其他人趕忙把臉色蒼白、幾乎要昏倒的亨利埃塔攙扶到床上。所有人不約而同懷疑起那杯致命的菊苣水，亨利埃塔本人更是不斷喊著：「我被下毒了，我快死了！」當菲利普終於趕過來時，她看著菲利普，痛苦地喊著最後一句話：「這不公平，我從來、沒有對你不忠過……」

當晚凌晨三點，年僅二十六歲的亨利埃塔便撒手人寰。從病發到死亡，只經過了短短九個小時。

當然，如今人們已經知道亨利埃塔是急病身亡。但當時，一位如此年輕、優雅迷人的公主一夕病逝，想當然耳在英法兩國引發強烈震撼，整座城市都在謠傳公主被毒死的傳聞，英王查理二世——亨利埃塔的哥哥，甚至堅持要派人前往法國釐清眞相。

而菲利普的反應呢？在舉國哀悼的葬禮上，菲利普的兒女們訝異地注意到：他從頭到尾都沒有顯露出一點悲傷，甚至有點……愉悅？但也許這樣的愉悅並非針對妻子，而是自己的哥哥。這是一種象徵：外交的勝利和國王的青睞都無法避免她的死亡——即使是太陽王，也有無法戰勝的事情。

他們兄弟倆的比分，如今終於打平了。

弟弟在戰場上發光發熱，哥哥開心嘉獎了他……
然後解除他的指揮權？

然而，兄弟倆之間的競爭並未止息。很快的，法荷戰爭爆發，菲利普做爲王弟，也獲得了上戰場的機會。根據當時的說法，儘管菲利普在軍隊裡擺滿了鏡子與裝飾品，卻無人能否認他作戰時的勇猛。

法荷戰爭可說是菲利普一生中最發光發熱的一段時期，尤其是在一六七七年的卡塞爾戰役。當時法軍中線正遭受敵人的猛力進攻，就在防線幾乎潰敗時，是菲利普親自率領部隊、朝對方的戰線發動攻勢。連菲利普的傳記作者都承認「那應該是個奇怪的景象」：一個頭綁緞帶、臉抹胭脂的小個子，騎在一匹高壯的大馬上，勇猛殺進敵人防線中又砍又撞。

但這卻是他一生中，最有可能超越哥哥的時刻。最後他成功了！不久之後，荷軍戰線開始撤退，整場戰役以法國勝利作結，菲利普完美執行了法王的作戰命令，不，甚至可說是大大超越了路易十四的預期。

這場勝利是菲利普最榮耀的時刻，戰勝的消息很快就傳遍整個法國，巴黎人歡欣鼓舞了起來，但也僅止於此，原因還是出在哥哥路易十四——這個他一輩子想贏，卻怎樣都無法獲勝的對象。凱旋後，哥哥開心地祝賀了弟弟，說「他兄弟贏得的榮耀，讓他感到無比快樂」……

然後隨即解除了弟弟的指揮權。

後來，路易十四在自己的回憶錄中也承認，這項做法正是基於嫉妒：「我對他獲得的讚頌感到嫉妒……」

從此以後，菲利普再也沒上過戰場，接下來的生活全都圍繞在莊園、藝術品，還有各式各樣的時尚。一七〇一年，六十歲的菲利普又與哥哥大吵了一架，回宮後沒多久，菲利普便中風、倒在自己兒子身上。當路易十四聽到自己唯一兄弟的死訊時，感嘆地說道：「我不敢相信，我再也見不到他了。」

這就是菲利普的一生。

一個始終站在太陽身邊，卻永遠活在陰影下的孤寂身影。至於路易十四本人，則在漫長的輝煌生涯中，逐漸走向自己的日落時刻——自法荷戰爭以來，整個歐洲興起反法風潮，法國也捲入一連串它自己無法結束，更無法勝利的戰爭。一七〇一年，法國與神聖羅馬帝國因爲西班牙的王位繼承問題再次爆發戰爭，打了整整十四年，不但拖垮經濟、使得生靈塗炭，更賠上了路易十四的所有聲譽。

從那之後，「太陽王」的稱號，便永遠消失在法國人民的記憶當中了。

歐洲羅曼死關鍵字

#十七世紀 #路易十四 #三十年戰爭 #投石黨之亂
#凡爾賽宮 #法荷戰爭 #荷蘭東印度公司 #卡塞爾戰役
#西班牙王位繼承戰爭

她用一生來證明：治國看能力不看性別

——瑪麗亞．德蕾莎

二〇一六年，我在即將結束長達五年的留學生活前，終於踏進了維也納。

我去的時間很巧，五月正是歐洲最美的季節，陽光爲整個歐洲披上一層繽紛旖旎的外衣，彷彿被人打上一層柔焦，什麼都是柔柔淡淡的。而我刻意選在維也納的最後一天，安排前往附近最有名的夏宮：美泉宮（Schönbrunn）。二十四小時以後，我就會啓程前往柏林，到附近的波茨坦去拜訪無憂宮（sans-souci）。

之所以會這樣安排，就是爲了要在短短一天之內，實際體會這兩座王宮。畢竟三百多年前，這兩座王宮的主人曾是歐洲最知名的生死冤家——奧地利的瑪麗亞．德蕾莎（Maria Theresia），還有普魯士最有名的君主：腓特烈二世（Friedrich II）。

時間回到三百年前的一七一七年五月十三日。

法國「太陽王」路易十四兩年前剛剛過世，而法國在歐陸最大的對手：神聖羅馬帝國皇帝查理六世，這時正在維也納周圍的城堡狩獵——那天想必也是像我造訪維也納時一樣，是個陽光旖旎的日子。但某天清晨，一名來自維也納的使臣急匆匆前來面見皇帝：「稟報陛下，皇后即將分娩了……」

皇帝一聽大驚，立刻十萬火急地騎馬趕回都城。也難怪皇帝會這麼緊張，畢竟這次分娩幾乎攸關著整個帝國的國運：做為皇室成員，生下男嗣幾乎可說是他們的第一要務，但自從結婚以來，皇后的肚子一直都無聲無息。

後來開始傳出謠言，說這是因爲皇帝執意要娶新教國家的公主，所以才遭到上帝的懲罰。因此，這次分娩是否順利、小孩的性別，幾乎可說攸關整個帝國的命運。皇帝騎馬連趕了二十多公里，等到他回到維也納時，他急急忙忙地問：「小孩呢？情況怎麼樣了？」

臣下的回答頓時讓皇帝失望透頂：「是一名女嬰……」

當時誰都沒想到，就是這名女嬰，日後竟會帶領自己的哈布斯堡王室重返輝煌。她執政的歲月長達四十年，並一共生了十六名子女，其中有十一位平安長大成人。她是當時歐洲最有權勢的女性，甚至早在維多利亞女王之前，就成爲整個歐洲的丈母娘。

她是瑪麗亞・德蕾莎。

不過正因爲她是女兒身，所以父親查理六世在接下來的人生裡，一直努力爲女兒的繼位做好準備。傳統上，神聖羅馬帝國只有男性可以繼承皇位，爲了解決繼承權問題，查理六世在女兒出生前便頒布了詔書，宣稱可由女性繼承。但只有頒布是沒用的，這份詔書需要歐洲各國承認，瑪麗亞才有可能順利繼位。

爲此，查理六世付出了高昂的代價：他將那不勒斯和西西里讓給西班牙、把倫巴底的大部分讓給了薩丁尼亞；最後還將德法接壤處的洛林交還給法蘭西王國，好讓他們一個個承認詔書有效。但儘管如此，人們還是疑惑：查理的女兒到底能不能順利繼承？當時，基督宗教的道德約束力對歐洲各國來說早就沒用了，一旦有利可圖，歐洲各國到底還會不會遵守承諾？

瑪麗亞．德蕾莎二十三歲那年，檢驗父親晚年一切努力是否白費的時候到了——一七四〇年，查理六世駕崩，瑪麗亞．德蕾莎繼承了奧地利大公之位。她強忍悲傷，用堅定的語調宣示繼承，臣下隨即也高喊：「女王萬歲！」

隔天早晨，新女王馬上向各領地的君主和各國通報她的繼位，並要求各國承認新繼承人。果不其然，由於神聖羅馬帝國的財富和土地實在太誘人，很快就有人對瑪麗亞的繼位提出異議。奧地利北方的巴伐利亞國王宣告：自己才有權繼承皇位；西班牙也垂涎瑪麗亞．德蕾莎在義大利半島的領土。但這兩個國家要是沒有法國支持的話，就不可能採取任何行動。

爲了化解這場危機，瑪麗亞一再要求法國承認她的繼位，但法國就是不願表態。事實上，法國早就在考慮怎樣逃避承諾，只不過還沒下定決心罷了。所有人都在等待，有人開出瓜分神聖羅馬帝國的第一聲槍。但瑪麗亞萬萬沒想到，開第一槍的竟然是這個人

——普魯士國王，腓特烈二世！

「邪惡」之人的悲慘身世

所有故事都有兩面。這位腓特烈二世就是日後備受尊崇的腓特烈大帝，然而在瑪麗亞．德蕾莎的故事中，腓特烈卻是個背信棄義的無恥小人。原因就是這位年輕的普魯士國王其實曾經差點成了自己的丈夫，而且還鄭重承諾將保護她的繼位。

如今，居然是這個人先背叛了她！

姑且不管後人對他的評價如何，眾所周知的是，這位普魯士國王的確有個悲慘的童年。西元一七一二年，腓特烈出生於普魯士柏林。原本大家都以爲王子的生活理當很幸福，但事實上，腓特烈的童年眞的可說是充滿皺褶，而他不幸的全部源頭，全都來自於父親：腓特烈．威廉一世。

原來，腓特烈的祖父深受法王路易十四的影響，非常重視皇家的浮華與文化藝術，結果便是整個國家的財政慘不忍睹。因此，個性嚴厲，甚至精神還有點異常的腓特烈．威廉一世繼位後，立刻一改先王作風，將普魯士打造成徹底的軍國主義國家。酷愛軍隊與秩序的國王甚至把這種風氣帶到王室家族裡：皇室所有銀器都被賣掉，王室成員只能用木製和白鑞（一種鉛錫合金）器皿進食。當然，盤中的食物也不會是什麼美味的料理，據說飲食烹調之拙劣，甚至能把飢餓的人給嚇跑（我突然好像理解爲什麼德國人不太重視吃這件事了……）。

腓特烈．威廉一世自己也帶頭過著簡樸的生活，他大多穿著一襲普通藍布外套，直到穿破穿爛了才會換新。不過正是在他的大力整頓下，普魯士才能擁有多達六萬人的常備軍和充盈的國庫，而他的鐵腕作風讓他獲得了這個稱號：**士兵王**（Soldatenkönig）。

小腓特烈就這樣在老爸的高壓管教下成長。小腓特烈才三歲的時候，一次父親在無意間發現小王子害怕槍聲，竟直接訓練他使用手槍；王子五歲時，還派給他一支由一百多名男孩組成的「王子小隊」，供他學習領導統御。

到了一般人上學的年紀，腓特烈就必須按照嚴格的時間表行事。從起床開始，不管漱洗、讀書、禱告、進餐，還是學習，全都依事前安排好的時間表進行。國王曾對王子的家庭教師說：「你們必須設法使他習慣於以人類所可能的最快速度脫衣服和穿衣服，而且要教到他能在沒有任何人的幫助下自己穿脫。不管什麼時候，都必須讓他看起來乾乾淨淨的，絕不能有髒亂的感覺！」

國王也對王子說：「相信我，不要想著虛榮，要堅持對的事情。自始至終都要擁有優良的軍隊和足夠的金錢，一位王子平靜的心靈和安全，全維繫在這兩件事上。」

這段話是有道理沒錯，但問題就在於國王的管教方式實在是太狠了。威廉國王始終爲紫質症所苦，這種病會伴隨劇烈腹部疼痛、間歇性麻痺和精神錯亂等症狀，最後導致國王對任何人都會做出暴力行爲。比如說，如果他在路上遇到一名女性，就會往她身上狠狠踹一腳，叫她回家好好照顧小孩；如果遇到牧師，就會叫對方多祈禱，還順便給他一記大耳光，「好讓他牢牢記得這個忠告。」

有這種老爸，王宮根本就是地獄！每當國王發現王子做了些什麼有文化氣息的事，比如說閱讀法文書、使用銀湯匙、在冷天戴手套，甚至是從一匹暴衝的馬背上跌下來，都會遭到國王的毒打；而且這些羞辱大多是在眾目睽睽之下進行——不只是在家人面前，甚至當著外來的賓客面前也一樣！

在這種高壓環境下，王子最直接的反應自然就是反抗。國王最喜歡狩獵、吸菸、軍隊，於是王子就對這些東西表示出非常不屑的態度。而且隨著年齡增長，腓特烈也變得越來越喜歡法國的一切，他明知父親不喜歡他對法國文化的仰慕，卻故意把自己的髮型留成長長鬈鬈的法國式。

隨著時間過去，父子間的隔閡早就完全無法彌補。專橫的父親派人把腓特烈的三千多本書全部銷毀；此外，鞭打、斷食、拔頭髮不一而足。爭吵最激烈的一次，父親甚至直接把腓特烈打趴在地上，然後把他拖到一扇窗前，用綁窗簾的繩子勒住他的脖子，幾乎眞的把腓特烈勒死。說道：「如果我的父親對我這麼做，我早就舉槍自殺了，但你連這麼做的勇氣都沒有！」

這種爸爸完全就是惡魔啊！但或許就是因爲這幾句話，讓走投無路的腓特烈下定決心：逃出普魯士！

江湖在走，兄弟要有！

事實上，腓特烈還眞的幾乎成功了。他請求自己的好朋友（另一說，可能，也許，八成是情人）漢斯・卡特（Hans Hermann von Katte），幫助自己籌集金錢、地圖和衣服，並趁國王不備時偷偷送給他。對卡特來說，腓特烈確實是自己最親密的朋友，但這次可是一國王子準備逃離自己的王國，處理不好的話，甚至是會爆發戰爭的。考慮再三後，卡特仍然決心幫助王子。在逃跑的前夜，王子寫了一封信給對方，安撫卡特，也安撫自己不安的心：「我已經做好萬全準備，所以沒什麼好害怕的……」

不幸的是，到最後，計畫仍然失敗了。

被抓回來的王子一行人被帶去見暴怒的國王，國王差點活生生就把王子給大卸八塊。所幸當時荷蘭、瑞典、波蘭等國的國王都出聲制止，甚至連瑪麗亞・德蕾莎的父親查理六世都出來幫王子說話，才勉強保住腓特烈的小命。這下子，幾近瘋狂的國王便把所有的憤怒全都轉向了腓特烈這位不幸的朋友：軍事法庭原本判處卡特無期徒刑，國王看到判決結果後，竟大筆一揮改判死刑，並且下了一道最殘酷的命令：命令王子親自觀看朋友的死刑。

這讓腓特烈痛不欲生：他幾乎等於一手促成朋友的死亡。一七三〇年十一月六日早上，卡特被押到監獄外的刑場，而腓特烈則被迫從一扇高處的窗口看著他。

腓特烈試圖跳下窗外自殺，但被守衛攔住了。

「停止行刑！」王子抓狂地大聲叫喊，甚至準備交出繼承人的頭銜：「如果國王陛下赦免卡特，我願意放棄我的權利！」

接著他轉向已經在處刑臺上的朋友，絕望地用法文大喊：「請原諒我，卡特，看在上帝的名義上，請原諒我！」

卡特抬頭望向腓特烈，也用法文回答：「就算我有一千條性命，我也願意爲你犧牲。沒什麼需要原諒的，爲你而死，我打從心底開心！」

手起刀落，卡特的頭顱就這樣落了地，而腓特烈已經昏了過去。

之後腓特烈立刻生了一場大病，他不斷受到幻覺和噩夢侵擾，並拒絕服藥，直到母親告訴他，再這樣下去會有生命危險，態度才終於軟化。但是當病況逐漸好轉後，腓特烈像是完全變了個人似的，徹底放棄所有叛逆的行爲與表現；只是從此以後，他的心腸變得如鐵石一般，性情也變爲沉默冷靜。他寫道：

「越不是那麼回事，就越要學習表現得像是那麼回事。」

這樣的青年，在父親死後繼承了普魯士的王位。繼位後，腓特烈每天工作二十小時，而他最大的目標，就是要在歐洲諸國闖出自己的地位。長期的打壓，讓這位二十八歲的國王心中湧現各種難以抑制的敵對情緒，讓他急於發洩在任何人身上。原本他也考慮過法國，但很快的，他找到了瑪麗亞·德蕾莎這個更好的目標：一個龐大但軟弱的帝國，一位年輕而軟弱的女王，可以任他予取予求。他很快把目標放在普奧之間一塊富庶的地區：西里西亞（Silesia）。

對腓特烈來說，西里西亞就是一個證明自己的機會！

沒過多久，腓特烈立刻叫來他的防衛大臣和領軍少將，並告知他們入侵西里西亞的計畫。兩人聽到腓特烈的計畫後都大吃一驚，連忙力勸年輕的國王：普魯士的力量，還不足以承受戰爭的風險！

但腓特烈完全不聽。他說：「既然獲得野心、利益以及實現我願望的時機到了，我便決定發動戰爭。」

奧地利女王繼位一個多月後，腓特烈一聲令下，三萬裝備精良、訓練完整的普魯士軍隊，浩浩蕩蕩地穿越過邊界。

我最深愛的人（X），卻是傷我最深（O）

一七四〇年十二月，普魯士的軍隊浩浩蕩蕩開往德奧邊境的西里西亞。

當時正值隆冬，寒氣逼人、泥濘滿道，奧地利駐軍根本沒意料到普魯士的進攻，馬上被殺個措手不及。一直到軍隊入侵，瑪麗亞・德蕾莎才正式接到普魯士特使傳來的消息：如果要普魯士承認女王的地位，就把西里西亞的部分主權讓給普魯士！

奧地利方面接到消息後，大吃一驚。一直到普魯士入侵前，瑪麗亞・德蕾莎的大臣們仍然堅持：「我們不相信（他會進攻），也不能相信。」而對瑪麗亞・德蕾莎個人來說，腓特烈的背叛又更令人憤怒——其他人也就算了，但腓特烈是老皇帝查理六世的教子，在他出逃普魯士、差點被他父王殺掉的時刻，是老皇帝苦苦哀求，他才終於撿回一條小命；而且在當時，歐洲所有統治者都認爲這個普魯士王儲是個整日看書吹笛子的傻子，只有老皇帝非常欣賞他，不但每年從私庫裡撥出八千枚銀幣資助他，甚至曾一度想把小瑪麗亞嫁給他。而他爲了回報老皇帝的恩情，也曾鄭重宣示：自己將捍衛瑪麗亞的繼承權。

結果竟然是這傢伙?!

女王立刻召開會議，以應對普魯士的進攻。但女王沮喪地發現，除了她，絕大多數成員，甚至連自己的丈夫都認爲讓步是奧地利大公國唯一的選擇。他們成天不斷哀求女王，就連最重要的盟國英格蘭都說：讓步吧！

不過很快的，他們便知道腓特烈要的不只如此。因爲隨著談判持續進行，女王發現，每當他們做出一點讓步，腓特烈的要求就會提高一點，直到普魯士能拿下整個西里西亞爲止。最後，女王下定了決心，說道：

「上帝的憐憫使我得以堅強，使我能夠在祂爲我安排這布滿荊棘、痛苦和淚水的道路上徘徊前進；就算戰鬥到最後，我寧可賣掉最後一條裙子，也絕不放棄西里西亞！」

奧地利決心開戰，並很快召集了一支兩萬人的軍隊開入西里西亞。四月十日，兩支軍隊終於在莫爾維茨（Mollwitz）遭遇。

這是腓特烈親自指揮的首場戰役。爲了證明自己，這位年輕的普魯士國王親臨第一線。下午一點鐘，奧地利龍騎兵首先對腓特烈的右線發動了進攻。

普魯士騎兵接戰。但奧地利的五千騎兵攻勢淩厲，再加上普魯士的騎兵因爲先前的長途跋涉而筋疲力盡，很快就不敵對方的進攻而潰退。

眼看騎兵即將崩潰，奧地利騎兵開始進攻普魯士的步兵。情急之下，普魯士的指揮官馮・施威林元帥（Graf von Schwerin）衝到腓特烈身邊，稟報了戰況：目前戰局非常不利，再這樣下去，普魯士必定會大敗。他建議：「爲了保存王室血脈，請陛下先行退出、由我來斷後！」

短兵相接的慘烈、暫時的挫敗，讓初次上陣的腓特烈國王方寸大亂，竟眞的同意了逃跑。他把指揮權交給全身早已傷痕累累的老元帥，自己則帶領少數部隊，頭也不回地逃離了戰場。一路上，他的心情極度沮喪：自己的第一次指揮作戰，就這樣不光采地失敗了！

事實上，老元帥根本沒有撤退的意思，在接下指揮權後，他立刻開始重整部隊！在那個年代，普魯士步兵被認爲是世界上最強大的步兵，其優秀的士兵素質在這時發揮了強大的作用。他們重整了隊伍，同時開始施展他們自傲的「十二秒排槍」戰技——也就是說，每十二秒就要完成一次密集射擊，這種射擊速度，幾乎是當時歐洲各國的整整三倍！

一名奧地利軍官這樣形容普魯士軍的攻擊：

「……我敢說，我一生中都沒見過任何更壯觀的事物。他們（普魯士士兵）以最快的步伐行進，就像在閱兵場上一樣快。光亮的步槍在陽光下熠熠生輝，它發出的火焰簡直就像持續落下的雷暴……我軍完全失去了勇氣。」

最後，整場會戰以普魯士軍隊大獲全勝作結。聽聞普魯士戰勝時，腓特烈正躲在一所磨坊裡。之後，當他重新被請回戰場上時，心中的慚愧遠遠多於歡樂——他是贏了沒錯，但這場勝利是別人幫他打下來的。

絕望的女王，最後的盟友

接到奧地利戰敗的消息時，瑪麗亞．德蕾莎女王正好剛生完孩子，體力極度虛弱，但她卻無法休息。因爲此時，奧地利來到分崩離析的最危險關頭——她向無數歐洲國家求助，但各國的回應讓人失望：英格蘭的答案模稜兩可；波蘭和荷蘭共和國雖然答應相助，但援助抵達的時間太慢，遠水救不了近火。

另一方面，普魯士的勝利終於讓法國下定了決心，公開支持瑪麗亞．德蕾莎的各個勁敵。現在的奧地利大公國如同一隻待宰的肥羊，各國等著飽餐一頓；奧地利也因爲長年的對外戰爭而財源枯竭、士氣低落。這時，孤立無援的瑪麗亞・德蕾莎只剩下最後一位可能的盟友——匈牙利。

當時的匈牙利雖然名義上受到奧地利的統治，但實質上已幾乎等同於一個獨立王國，如果沒有國會的許可，瑪麗亞・德蕾莎根本無法動用匈牙利的軍隊。只是，匈牙利人會支持年輕的女王嗎？

所幸，與普魯士的戰爭激發了匈牙利人的愛國熱情，瑪麗亞・德蕾莎很快看見了這個機會，決定利用正式加冕爲匈牙利王的機會，激發匈牙利當前的忠誠熱潮！

很快的，時間來到決定性的一七四一年六月二十五日。這是女王在匈牙利加冕的日子、也是讓匈牙利子民親眼認識瑪麗亞・德蕾莎的日子。如果女王成功獲得匈牙利臣民的支持，那麼奧地利的命運也許還能扭轉；但，如果女王表現失常了，整個國家的命運也許就要毀於一旦。

早上八點，女王的馬車駛到聖馬丁主教座堂（位於現今斯洛伐克首都布拉提斯拉瓦），她將在那裡被加冕為王。

加冕典禮結束後，女王依照傳統冊封四十五名金馬刺騎士團騎士。而最後的重頭戲，則是加冕後「宣示就職」的儀式——然而這個儀式並不容易，獲加冕的統治者必須騎馬登上加冕山（Mont of Defiance），並朝四面八方揮舞寶劍，象徵已準備好保護國家免受來自各方的敵人入侵。

對尚武的匈牙利人來說，騎馬的技能可謂重中之重。這時的瑪麗亞並沒有想到，先前在維也納騎術學校苦練的騎術，竟然成為獲得匈牙利支持的一大利器；然而還有一件令人擔憂的事：當時的她還沒從生產的傷害中恢復過來，甚至連下床都有困難。

在這樣的情況下，女王的身體撐得住嗎？

女王真的做到了——在宣誓就職儀式上，眾人看到這位年輕貌美的母親戴著王冠，儘管臉龐因為剛生完孩子而顯得蒼白，卻以完美的女性側騎姿勢策馬跑上了加冕山，並像她的歷代祖先一樣，拔出那柄為國家戰鬥的古劍。她朝著東西南北四方揮舞利劍，向天空立誓：「我將誓死保衛國家所有子民！」

所有旁觀者都動容了。

此一壯舉獲得了徹底的成功。兩個月後，瑪麗亞．德蕾莎對匈牙利議會發表激動人心的演說。她抱著自己剛出生、仍在襁褓中的嬰孩，對所有人承認，自己遭到了所有友邦的遺棄：「……我們現在唯一擁有的，就是匈牙利人的忠誠、武器和不衰的勇氣；我懇求你們，在這種極端危險中採取一切措施，保障我們的國家、王室與孩子的安全。」

這位「被世界拋棄的可憐女王」瑪麗亞．德蕾莎抱著嬰孩的圖像，讓匈牙利人民一片熱血沸騰。當時甚至傳出一幅畫面：匈牙利貴族紛紛拔出刀劍，宣示「Vitam et sanguinem pro rege nostro Maria Theresia」——**為我們的瑪麗亞．德蕾莎國王，獻出生命和鮮血！**之後，女王便召集了一支六萬人的武裝部隊，浩浩蕩蕩開往前線。

艱辛的奧地利王位繼承戰爭，終於開始扭轉。

最後，整場戰爭陸陸續續打了八年時間，雖然女王沒能守住自己的諾言——奧地利失去了西里西亞，獲得的卻更多：比起戰爭前，奧地利的行政管理變得更有效率、她的軍隊也更加強大。更重要的是瑪麗亞．德蕾莎已經用自己的行動證明，她是一位偉大的統治者。

同時，人在普魯士的腓特烈也開始休養生息。他下令在柏林附近的波茨坦建立「忘憂宮」，在裡面盡情享受音樂與文學、並邀請當時法國的巨擘伏爾泰前來作客。

但，無論是瑪麗亞或是腓特烈都知道，他倆的戰鬥絕對不會因此終結——

自從上一場戰爭結束後，普奧兩邊休戰了整整十年。然而瑪麗亞．德蕾莎一秒都沒忘記對腓特烈的仇恨。這頭「野獸」（瑪麗亞對腓特烈的稱呼）違背了曾經鄭重立下的誓言，逼得她才剛產下王子，就得離開自己家族的首都，更奪走了富饒的西里西亞！

收回這塊地方是她此生最大的目標。在她的推動下，奧地利大公國開始改革軍隊、籌募作戰經費，並建立瑪麗亞．德蕾莎軍事學院。而在外交上，她更以史無前例的強烈意志力，讓整個歐洲以前所未見的方式聯合起來：法國與奧地利這持續了好幾個世紀的世仇、視彼此為自己終身最主要對手的兩大國……

竟然聯合起來了！

腓特烈一張賤嘴，促成歐洲史上最強大的聯盟

首先伸出橄欖枝的是奧地利。女王派出他們最能言善道的外交家，努力說服法王路易十五。不料對方的反應非常冷淡——畢竟長年以來，法國人對奧地利的成見實在太深了。在苦苦思索後，奧地利終於找到了一個不那麼光采、但非常有用的破口：法王的情婦蓬帕度夫人！

當然，原本蓬帕度夫人是可以不用去管外交政事的，但剛好她也痛恨腓特烈。原因很簡單：腓特烈那張嘴實在是太賤了。

據說某天晚上，腓特烈正和朋友開心聊天，突然，他伸手摸摸身旁趴著的母狗碧池（Biche），然後很嘴賤地說：「這就是我的蓬帕度。她躺在我的床上、在我耳旁吹風。唯一的不同是，法王給了他的蓬帕度一個女侯爵的位子，我則管我的母狗叫碧池。」⑥

蓬帕度夫人氣炸了。

果然，在蓬帕度夫人的強烈撮合下，法國與奧地利這兩個世仇國家竟然真的站在同一陣線；之後又成功拉攏了和普魯士有邊境衝突的俄國。如此一來，法國、奧地利大公

國與俄羅斯帝國這三個歐陸頂級強國，終於因爲普魯士全部聯合在一起了！

很快的，這一切都透過普魯士的密探傳到了腓特烈耳中。驚慌失措的腓特烈急忙詢問奧地利，表示他們已經知道奧地利準備與俄羅斯結盟，並準備對普魯士發動進攻：

「……我必須知道我們目前處於和平還是戰爭狀態，我不接受任何搪塞！」

當然，奧地利給出了十足官腔、等於什麼都沒說的回答。這下腓特烈實在坐不住了，爲了抵擋這「三條裙子的陰謀」（腓特烈所說，意指法國的蓬帕度夫人、奧地利的瑪麗亞．德蕾莎與俄羅斯的伊莉莎白女沙皇），腓特烈開始盤算怎樣阻止對手的進攻，最後他得出結論：進攻就是最好的防守！

一七五六年八月二十九日，普魯士搶先進攻了親奧的邦國薩克森，開啓了日後被稱爲「七年戰爭」的序曲。在獲得初期勝利後，腓特烈馬上朝著第二戰略目標——布拉格

---

⑥「Bitch」（婊子）的法文就是Biche，腓特烈用自己的狗來挖苦蓬帕度夫人。

前進。布拉格一仗打得十分血腥，但最後普魯士還是成功地將奧地利的軍隊逼退到城內，將它團團圍困了起來。

瑪麗亞．德蕾莎女王亟需一場勝利。要是自己整頓整整十年的軍隊還是無法戰勝普魯士軍，那在同盟國派出援軍前，奧地利就會先被普魯士給徹底消滅！爲此，她任命了自己最信任的道恩元帥（Daun）出任總司令，帶領旗下五萬三千名士兵前進到距離布拉格不遠的易北河岸，與普魯士對峙。

本來腓特烈認爲，這場仗同樣勢在必得。然而最後因爲兵力不足，普魯士的左翼與中央竟然開始崩潰，甚至造成整個戰局失敗！這場戰爭是腓特烈有生以來第一次打敗仗，共折損一萬四千多名士兵，但對方只損失八千名。不得已，普魯士軍隊只好從布拉格撤退、硬是被推回自己的領土。

當奧地利戰勝的消息傳來時，維也納一片歡聲雷動。奧地利的指揮官道恩元帥更成爲當時的英雄和救世主，而這次勝利也使整個戰爭格局發生重大變化——普魯士軍隊終於不再是戰無不勝的恐怖軍團了！同時法俄兩國也跟著加入戰局，腓特烈的惡夢終於成眞：普魯士總人口數只有四百萬，他全部的財力與兵力都由此而來。

而法、奧、俄三國的人口總數是：五千三百萬。

腓特烈陷入深深的恐懼之中，而此時，更多的噩耗接踵而至：他的母親蘇菲亞去世了。這時，即使是以性格冷酷著稱、嘴巴惡毒的腓特烈也承受不住了，身旁所有人都能感受得到他的心碎。

他晚上再也睡不著了，整個人變得沉默寡言、面貌憔悴、軀體羸弱。當他從波希米亞回來後，人們根本認不出這個人是誰。

但即使在絕望的山谷裡，意志力仍可以決定一個人的命運——至少在這一點上，腓特烈的確是傑出的。他寫信給伏爾泰，表達了自己的決心：「面對狂風巨浪，甚至國家覆亡的危機時，我必須思考得像個國王，活得像個國王……」

「……即使要死，也要死得像個國王！」

腓特烈表示：有輸過，沒怕過！

接下來半年，腓特烈以最意想不到的方式拯救了自己——十一月初，看起來已經被天羅地網包圍的腓特烈，竟然主動出擊！

他先率領兩萬普魯士軍一路向西，最後遭遇實力在他兩倍以上的法奧聯軍。敵軍原本想著能輕易取勝，但腓特烈的普魯士軍隊卻在十八門大砲轟擊掩護下，殺進亂成一團的法國軍隊。最後法軍總共折損了超過八千名士兵，普魯士則幾乎沒什麼損失，只有不到六百人受傷。

這是一場史詩級、足以進入西點軍校教科書的經典戰役。但腓特烈根本沒空慶祝自己的勝利，他知道現在得結合自己手上所有的兵力、不停往南趕路，與奧地利軍隊決一死戰。一個月後，普魯士以三萬六千名軍力，在洛伊滕（Leuthen）與奧地利多達八萬的大軍遭遇。

腓特烈找到所有能找到的大砲，對奧地利展開攻擊、粉碎奧地利的防線，並把所有步兵集中攻擊奧軍陣線的其中一點。沒想到奧地利竟因人數過多，導致兩翼不夠機動靈活，最後陣形潰散，連騎兵也四處奔跑。

奧地利統帥望著戰場，怎樣都想不到自己的八萬大軍竟會被普魯士的三萬六千名士兵打到退無可退。此地一旦失守，整個維也納就等同門戶洞開、再也無險可守！

這兩場戰役是腓特烈的代表作，也讓他的聲望來到了頂點。這下子，連瑪麗亞·德蕾莎都失去了信心，最後還是總理考尼茨不斷鼓勵女王，才終於說動女王，將戰爭繼續下去。

另一方面，對腓特烈來說，頂點之後，就是下坡了。

但當時的腓特烈怎樣都沒想到，那竟是一個如此深幽的下坡。

一七五九年，普魯士終於遭遇能與之一較高下的強悍軍隊：俄羅斯。當時，五萬普魯士士兵在庫勒斯道夫（Kunesdorf）遭遇到八萬名俄奧聯軍。在戰鬥打響的第一個小時，普魯士凌厲的攻勢非常順暢——在不斷的砲擊進攻下，俄軍的陣線被破壞，俄軍的槍砲有一半都被消滅。這時，腓特烈在紙條上寫了兩行字，派人前往柏林宣告自己已大獲全勝。

不過就在紙條送出後，俄國軍隊的勇猛竟遠超過腓特烈的想像！頑強的俄軍沒有崩潰，一直占據著某個很難攻破的位置。普魯士步兵在烈日下苦戰了六個小時，腓特烈甚至親自衝鋒三次，還有兩匹馬就死在他的胯下，到處都散落著參謀部軍官的屍體，而他自己的外衣也被子彈射穿。

就在此時，敵軍凶猛的騎兵瘋狂地往普魯士陣線進攻，幾乎伸手就要抓住腓特烈！最後多虧一名勇敢的騎兵隊長，在千鈞一髮之際把腓特烈救了出來。腓特烈開始往後撤，一直撤退到一間被哥薩克騎兵洗劫過的空屋中。他趕忙再發了一封信：「讓王族離開柏林、檔案移往波茨坦！」

這時他腦中只迴盪著一句話：一切都完了！

這是腓特烈此生最大的敗蹟。在開戰前，他領有五萬普魯士大軍，如今他一回頭，卻連三千人都不到，而敵人正一路直上，準備直逼柏林。過勞和壓力已經讓他不成人形：頭髮灰白、牙齒掉了一半，還患有痛風、風濕、頭痛、牙痛及間歇熱等病痛。

這一切都是他年輕時一個野心造成的。一旦釋放了戰爭之犬，就收不回來了。它會盡情折磨整個時代裡的每個人，從國王到士兵，直到啃食殆盡。

他想要退位自盡。他寫道：「我已經筋疲力盡了……一切都完了。我不願在故國淪亡中偷生，永別了。」

之後戰爭每況愈下，看起來似乎只有奇蹟才能拯救腓特烈。不料，在一七六二年，奇蹟眞的發生了——

新上位的俄羅斯沙皇，竟是腓特烈的死忠粉絲！

當時，俄國女沙皇伊莉莎白駕崩，繼位的彼得三世則是腓特烈的死忠粉絲。他繼位後，不但將俄軍全部撤走、釋放了普魯士的戰俘，還給普魯士送去一萬五千精兵。不但如此，他甚至請求普魯士給他一個名譽軍銜——之後，年輕的沙皇穿上普魯士的軍服、胸口甚至佩戴著普魯士的黑色鷹徽章。

有了俄羅斯的外援，腓特烈立刻扭轉了戰局。此時，瑪麗亞・德蕾莎也對收復西里西亞不再抱著期待，終於決定就此結束戰爭。

至此，腓特烈的厄運全部結束了。在他的領導下，普魯士在歐洲大陸迅速崛起，成爲不可小覷的新興勢力。在戰爭後，他積極重建已經變成一片廢墟的柏林，要求自己所委託的新建築必須呈現筆直與純粹的視覺風格，強調普魯士崇尚的價值：秩序、準確、力量。

至於瑪麗亞・德蕾莎呢？

雖然她並沒有從戰爭中獲得輝煌的戰果，但後來瑪麗亞・德蕾莎開始進行一連串國家改革，讓奧地利逐漸走向現代化。她寫道：「一個君主有義務盡一切努力，救濟自己土地上的窮困人民。絕不能將徵收的金錢浪費在歡樂上。」她縮減了傳統的封建貴族名額與大莊園、建立起高效的中央政府；她擴大經濟生產、創造新的職業需求，以增加國家稅收；並用這些稅收創造了一支實力精良的常備軍。最重要的是，爲了鞏固自己和法國的邦交，她甚至將自己最小的女兒嫁了過去。你一定聽過這女孩的名字——

「斷頭王后」瑪麗・安東尼。

歐洲羅曼死關鍵字

#十八世紀 #哈布斯堡王朝 #腓特烈大帝

#歐洲丈母娘 #西里西亞戰爭 #三條裙子的陰謀

#七年戰爭 #庫勒斯道夫戰役 #瑪麗安東尼

不用羨慕別人浮華，你不知道她得付出什麼代價

——瑪麗·安東尼

獻給和平的玩偶

有的時候，恨一個人與愛一個人相同，都不需要理由。

放眼整個歐洲歷史，大概沒有比瑪麗·安東尼（Marie Antoinette）更爭議的王后了。人民厭惡她，不但厭惡她的一切，甚至連經過她腳邊的狗都討厭。然而在被處以死刑後，畫家又開始把她描繪得一身潔白，簡直就像大革命祭典中的祭品。爲什麼會有這麼

大的轉變?眞實的瑪麗・安東尼究竟比較接近怎樣的形象?

也許,眞正的答案正如同奧地利作家茨威格所說的,既不是偉大聖女,也不是下賤娼婦。從頭到尾,瑪麗・安東尼都只是一個平凡的人:

「……(她)只想太太平平地生活;不願意也根本不渴求更緊張的形勢,寧可安安靜靜地生活在陰影之中,在平靜無風的環境裡,在冷暖適中的命運中生活。」

然而時代並不允許她如此。在一起最戲劇化的事件裡,王后就這樣被貼滿了各種眞眞假假的標籤,被推上歷史的斷頭臺。

「讓戰爭屬於其他民族;你,幸福的奧地利,通過聯姻實現你的目標。」

在瑪麗・安東尼還很小的時候,她就聽過母親——奧地利女大公瑪麗亞・德蕾莎這樣說過。當時,神聖羅馬帝國正處於風雨飄搖的日子,女王費盡心力想除掉「野獸」腓特烈，但最後腓特烈不但繼續在忘憂宮中逍遙自在，甚至還一舉變成歐洲列強之一。歐洲局勢的改變，逼迫法奧兩國王室從彼此仇視轉向相互合作，而最老，也最簡單的方法，就是建立直接的姻親關係！基於這樣的想法，瑪麗亞．德蕾莎將目光轉向她最小，也是最漂亮的女兒——瑪麗．安東尼。

從外表看起來，當時年僅十一歲的公主已是個標準的美人胚子：淡金色的秀髮配上一雙湛藍的水汪汪大眼。她的老師這樣形容她的外表（但也有可能是在拍馬屁）：「一張俏麗迷人的臉龐，匯集了所有能想像得出的可愛優雅……她若長大成人，必將擁有高貴公主應具備的一切魅力。她的性格和性情都超群出眾。」接下來的三年內，女王以法國太子妃的標準來訓練公主，但女王哪知道，這只是一連串頭痛的開始。

其實憑良心說，小公主的確是聰明的。

瑪麗公主從小就培養了優雅得體的舉止，對舞蹈也異常有天分，這對當時以舞會做為主要交際的歐洲上流社會來說，是一項非常重要的技能。但公主也有自己的問題：她實在太～不愛念書了啊！

她幾乎不曾正經八百地坐在書桌前讀過書，而且每次只要談話的主題稍微嚴肅一點點，她就會想盡辦法逃開。只是每天爲國事操煩的女王，根本沒時間去關注女兒的教育，直到瑪麗公主十三歲時才發現：女兒根本不具備最基本的歷史知識，連正確讀寫法文都不會！

女王不由得大吃一驚。這時，法國訂下的婚期也送了過來：他們建議，一年之後舉行婚禮！

這下整個奧地利宮廷都翻掉了。女王下令：全速爲公主惡補所有的知識與涵養！另外，由於公主齒列不正，因此也得替她進行必要的口腔手術（沒有麻醉喔）。同時，爲了舉辦這場史無前例的婚禮，法奧兩國的禮儀權威們翻開幾百年前生灰發霉的羊皮紙卷，吵得不可開交：誰的名字要放在結婚協議的首位？禮品？陪嫁？迎親的隊伍要在國境線的哪邊過門？

這是歐洲兩大王室的眞正大比拚。爲了讓女兒風風光光地嫁過去，瑪麗亞．德蕾莎下令不惜重本，一口氣爲了小女兒砸下超過四十萬里弗（不多，大約一千三百萬美元「而已」）的嫁妝！法國國王也不甘示弱，向巴黎商人訂製了最富麗堂皇的旅行馬車——整輛馬車活生生就是一只巨大的珠寶盒，不但使用最上等的木料，並在馬車前後左右都裝上了玻璃，帶著花冠的華麗裝飾物則是以白金、黃金與玫瑰金打造而成。

時間終於來到了一七七〇年四月二十一日，正是瑪麗．安東尼與親人告別、踏上異國的日子，五十七輛裝飾華麗的馬車已在皇宮莊嚴的中央大院中等待。

早上九點，女王與穿著無敵大蓬裙的小女兒瑪麗．安東尼，用優雅的滑步姿態走出了王宮大門。英挺的皇家士兵在城牆上放響禮砲，一切都顯得欣喜雀躍。但我非常喜歡奧地利作家茨威格在《斷頭王后》中對女王內心戲的描寫：在一片歡欣鼓舞中，女王本人卻懷抱著深深的不安——

那是什麼感覺？她知道女兒的所有優點缺點：心地善良、聰明伶俐、毫不做作的作風總能引起別人的好感；但性格裡也有一些危險的因子：瑪麗的性格輕浮，也貪圖玩樂，做事更是漫不經心，根本沒興趣思考嚴肅的國政議題。

這樣的性格，真的有辦法在遙遠的異國平安過完一生嗎？

就在全世界都爲了女兒的聯姻歡呼之際，唯獨女王一人走進了教堂，全心全意地對天祈禱，祈求未來一切可能到來的災難都不要降臨在女兒身上。不久後，女王寫了一封信給女兒：「……我對妳別無擔憂，只擔心妳在祈禱和閱讀時馬馬虎虎，以及由此產生的粗心怠惰。要堅決抵抗它們……別忘了妳的母親，儘管相距遙遠，但直到她生命的最後一口氣，都不會停止對妳的關心……」

最羞辱的婚前「交接」儀式

面對母后的擔憂，十四歲的瑪麗・安東尼能感受得到嗎？也許無法。她當時唯一能感受到的，就是離別的悲傷。當陣容龐大的車隊緩緩駛出庭院時，維也納大街小巷迴盪著一片痛哭之聲，而這樣的情緒也感染了小公主。她頻頻從馬車中探出頭來，伸長脖子回頭凝望著熟悉的宮殿與景色，直到母親胖胖的身影再也看不見。

瑪麗公主緊緊握住一塊小金錶，那是母后送給她最後的告別禮物。但這時她還不知道，這場婚禮竟然還有一個最羞辱人的儀式正在等著她——

一切都起源自一個禮儀上的爭論：「交接」王后的地點，到底應該在神聖羅馬帝國的領土，還是法蘭西的領土？

兩邊為此吵翻天。最後，兩邊的禮儀總管沿著地圖仔細翻找，終於在現今德法交界的萊茵河上找到一座荒涼小島。隨著一聲令下，這個無人居住、一片荒涼的小沙洲突然變成兩國聚焦的重要之地。大量的木匠、裱糊匠們突然來到這裡敲敲打打，沒過多久就打造出一座迷你版的法國城堡。瑪麗·安東尼被帶到這個進行儀式的宏偉大廳：她將在這裡執行一個象徵與她所有的過去訣別的儀式。

當著一大群隨從的面，瑪麗·安東尼身上的衣服一件件被扒去——從寬大的裙子、有絲帶的緊身胸衣，以及所有精心挑選的各項飾品，全都一一被脫除或摘下，而她所喜愛的一切——所有隨從、她的戒指、鞋釦、心愛的手鐲，甚至是她最疼愛的黃褐色獅子狗，全都不能留下。當瑪麗·安東尼從奧地利公主轉變為法國太子妃的一瞬間起，她的身上就只能掛著法國的衣料，她的心裡就只能想著法國。

瑪麗・安東尼費盡一切心力，才終於留下那塊母親贈送的小金錶。這一刻，這名十四歲的小女孩終於承受不住了：目前爲止，她一直盡全力維持著王族的尊嚴，即使感冒日漸嚴重，她仍然每天花八小時從車窗中展示自己、盡責地向人群露出微笑。晚上則努力聆聽冗長的拉丁文朗誦、接受孩童的獻花。但在自己身上終於一絲不掛的一瞬間，她的眼中噙滿了羞恥與憤怒的淚水。

然而冰冷的儀式仍在繼續——淚水、歡笑、羞恥、憤怒，都不在宮廷禮儀的考量之內。一個無助、赤裸、重感冒的小女孩，就這樣在大廳裡被人從奧地利的這端帶到法國的彼岸。之後，法國的侍女們紛紛湧上，爲新王妃穿戴衣飾：在她的腰間繫上鯨骨胸衣，接著再爲她套上襯裙，以及用金線織成的禮服。

這時，瑪麗・安東尼終於完成身分的轉換。鑲滿玻璃的豪華馬車已經在等候，一旁大教堂鐘聲轟鳴不已。看著激動瘋狂的人民齊聲歡呼，瑪麗從此遠離自己的祖國，遠離過去無憂無慮的童年生活，迎向未知的命運……

你永遠想不到，以前的人能怎麼玩髮型！

轉眼間，瑪麗．安東尼已經嫁進法國王室五個年頭。

這一年，老法王路易十五駕崩，瑪麗的丈夫繼位，成爲路易十六（Louis XVI）。在加冕儀式上，漫天的流蘇壁毯與幔帳，將哥德式的蘭斯大教堂裝飾得富麗堂皇。路易十六跪在紫色天鵝絨跪凳上，總主教從祭壇上拿起查理曼的沉重金冠，緩緩放在路易頭上。觀眾爆出歡呼聲，但路易本人卻小小聲地說：「王冠、王冠弄痛我了。」

瑪麗．安東尼坐在看臺上，激動到喜極而泣。在擔任王妃的五年裡，她基本上無事可做，眞眞實實的，什麼事都沒得做。

本來王妃最重要的任務就是生下王子，但在最重要的洞房之夜，卻什麼事情都沒有發生。法王和奧地利女王還心想，可能是兩個孩子還太年輕了；但隨著時間慢慢過去，瑪麗的肚子卻一點消息都沒有。

到底是爲什麼？兩人爲什麼不行房？

各種謠言馬上傳遍了凡爾賽，從「太子性無能」到「太子妃是女同性戀」都有。但事實上，問題很可能只出在路易十六的包皮過緊，使得性交異常疼痛，導致他一直對這件事提不起興趣。

除了私生活，瑪麗在後宮其他地方也無從施展，宮中太多陳規教條緊緊束在瑪麗身上，面對她的永遠只有這座冷冰冰的大理石監獄。丈夫路易十六靠著打獵和打鐵來宣泄過多的精力，而瑪麗很自然而然的，走向她最有興趣的方面：時尚。

所幸路易十六非常寵愛自己的妻子。只要王后開口要，國王幾乎沒有說不的時候。從成爲王后的那天起，瑪麗．安東尼就等於坐擁無限的金銀財寶，只要在一張紙上寫「請付錢」，什麼華服、珠寶、宮殿，全都能像魔術一樣變出來！一瞬間，瑪麗突然發現自己變成名副其實的時尚領袖：只要今天她穿上什麼，那東西就會成爲明日的時尚，而她所獲得的，就是無邊無際的讚美（羨慕死了）。

因此，每天起床後，王后第一件要操心的事情就是服裝，還有搭配的帽子、披肩、大衣、腰帶、手套、手絹、鞋子和珠寶。

除了服裝，王后第二個要操心的就是頭髮了。她特別從巴黎請來一位超級髮型藝術家奧提（Léonard Autie），這名美髮師會先用一種特製的髮蠟，成分包括：牛骨髓油、榛子油、熊油、檸檬精，再混合小麥粉加熱（好像……滿好吃的？），先把王后的頭髮往上盤，再用一個支架框住。等到頭髮被髮蠟弄得「堅若磐石」後，再在支架上裝飾各種精心製作的靜物：花園、房屋、舟船，什麼裝飾都有！（完全就是漫畫《玩偶遊戲》裡的紗南媽媽嘛！）

這一切，母親瑪麗亞・德蕾莎女王都看在眼裡。

得知女兒行事逐漸失控，心急如焚的女王一再寫信勸誡：「我一直認爲，追隨時尚要適可而止，永遠不能過分。一位儀態萬千的王后，完全用不著這些胡鬧玩意兒。」「據說妳債臺高築……爲了還債，妳甚至廉價出售妳的鑽石……這種消息使我心碎，妳什麼時候才能變回妳自己？」

但這些勸誡全都無用。瑪麗・安東尼就在這歌舞昇平的日子裡度過了二十年的光陰。然而，也許就像奧地利作家茨威格所說的：

LA MODE DE PARIS
Le Coiffure à la Belle Poule
de la Reine de France
Marie
Antoinette
Coiffure
à l'indépendante
ou le Triomphe
de la liberté

「……那時她還太過年輕，不知道生命什麼也不會白給；命運給予她的一切，早已暗中標定好了價錢。」

逐漸的，瑪麗王后開始從神壇上崩落了。

那些關於王后淫亂奢華的流言蜚語，到底是從哪裡開始的？人們說，也許是在王后終於生下子嗣後開始的。在不斷嘗試之下，瑪麗王后終於成功爲路易十六生下一位小王子，當整個國家歡欣鼓舞時，卻有一個人的國王夢在暗地裡破碎，那就是路易十六的親弟弟普羅旺斯伯爵。從那之後，王后淫蕩的耳語開始不脛而走——唯有如此，才有機會讓王子變成徹頭徹尾的雜種。

剛開始，謠言還是基於一點眞實而來：有次王后出遊，途中驢子突然不聽使喚，讓美麗的王后跌坐在地。因此，在場所有人都目睹了王后那雙勻稱的美腿。

接著，謠言開始變成小調、諷刺文章或乾脆變成淫穢作品，然後散落到民間，最後所有王宮的生活小事都被繪聲繪影地抹黑成不堪的醜聞。人民樂於知道王宮、尤其是王后所有的醜事——從一七七〇年代中期以後，法國就處於可怕的經濟困境中，許多人民正忍飢挨餓；就在這時，他們卻看見一個窮奢極欲的小圈子，而那個圈子裡最核心的人物，就是本應愛民如子的王后！

最後，王后成為一隻三頭六臂的怪物。例如「王后吐痰」的揑造故事：「……人民殷勤為她搬運大批奢侈物品……但這個狠女人竟公然羞辱我們，竟朝那人吐了口痰。毋庸置疑的，這說明她決心恨我們入骨……」

又比如王后淫亂的傳說。那些花邊新聞繪聲繪影，說她無法抗拒凡爾賽宮周遭小森林的召喚。不管白晝或夜間，她都全然臣服於自己下腹部裡那最狂亂的欲望……說她這種臣服欲望的做法，簡直就是文明世界中的野蠻人，是法式花園中的匈王阿提拉。還僞造王后的話：「要是把捅過我這騷屄的粗屌連接起來，長度等於從巴黎到凡爾賽的距離！」

人們對王后的仇恨已達到巔峰，只等一個星星之火，便足以燎原。到了一七八七年，復仇終於結出果實——法國財政部長顫抖地向國王路易十六報告，法國國債已經高達一．一億里弗（約三十六億美元）！

消息一出，法國舉國震動。壓力之下，路易十六只好更換財政部長，並宣布召開已經一百七十五年未曾召開的三級會議。

這是許多人一輩子都未曾見識過的盛會。占法國絕大多數的普通百姓和知識分子似乎都自覺肩負一項重大使命：要好好利用這次機會獲得平等的權利。三級會議召開那天，凡爾賽從清晨起就鐘鼓齊鳴；三百名教士、三百名貴族與六百名平民代表手持蠟燭，前往凡爾賽的聖路易教堂參加彌撒、並祈求一切順利。

上萬名的巴黎市民蜂湧前往凡爾賽，想親眼目睹這群即將改變法國歷史的各級代表。而走在三級代表之後的，就是路易國王和瑪麗王后的馬車。

當國王的馬車一經過時，「國王萬歲」的呼聲便排山倒海地響起；然而當王后的馬車也跟著出現時，所有人卻簡直像是預演好似的悄然無聲。

狂熱的掌聲瞬間停下，所有人沉默地看著馬車上的王后。更羞辱人的是，有些百姓在王后經過時，不但刻意不喊「王后萬歲」，反而還高喊王后最大敵人的名字：「奧爾良公爵（路易十六的表兄）萬歲！」這樣赤裸的敵意頓時讓她臉色蒼白，用盡所有力氣維持住自尊，才終於走完這段恥辱的道路。

事情還沒結束，隔天三級會議正式開議，同樣的場景再次重複——國王現身議場時，現場立刻報以熱烈的掌聲與歡呼；而穿著鑲有銀飾的紫白色長裙、頭戴鴕鳥毛帽飾的王后出現時，掌聲再次如同預演好的般立刻停下。

王后欲哭無淚，眼神掃過現場每一個人。然而不管她用眼神如何渴求，所得到的永遠都只有冷冰冰的回應，沒有人張口呼喊。總算，等財政大臣演說完、國王王后準備離場時，才終於有幾個看不下去的人，怯生生地喊了聲：「王后萬歲！」

即使這只是一聲同情的呼喊，仍讓她大受感動，轉頭過去對這些人點頭示意。

但正如大家所知的，三級會議最後反而成爲法蘭西王國的奪命索——教士與貴族階級死命抗拒放下權力，最後第三階級索性自組議會。因爲屬於第三階級的平民占全法國人口的百分之九十六，於是命名爲「國民議會」。

面對三個階級徹底撕破臉，路易十六陷入兩難：有人要他向國民退讓，有人則要他武力鎮壓。最後，優柔寡斷的國王選擇了第三條路：封鎖議場。

一七八九年六月二十日上午八點，當國民議會議員正要前往議場時，卻突然發現禁衛軍士兵已將議場團團包圍。

議員憤怒至極，有些人大喊：「不要理禁衛軍攔阻，我們衝進會場！」

禁衛軍聽聞，隨即將槍枝上膛。最後，一位議員突然提議：「我們既然不能在這開會，那乾脆就在凡爾賽的網球場舉行會議，那裡足以容納六、七百人！」

因此，國民議會的議員們便前往附近的室內網球場。在那裡發表至關重要的《網球場宣言》：「直到完整制定法蘭西王國憲法前，我等誓死不解散國民議會！」

兩邊氣氛越來越緊張。這時，民眾已經認定：政府即將對他們展開大屠殺！這時有人突然發起號召：拿起武器！幾分鐘後，象徵共和的帽徽和三色旗幟就已豎起。幾小時之後，各處軍隊開始遭受襲擊，軍火庫被搶掠，軍隊紛紛撤退。

七月十四日，民眾攻陷了法國封建制度的象徵：巴士底監獄，監獄司令官死灰色的首級也被插在了長矛尖上。隨著這個血淋淋的革命象徵出現，民眾的憤怒徹底且狂亂地爆發了。夜晚的巴黎點燃了上千枝蠟燭，舉行勝利慶典。
據說消息傳到凡爾賽宮後，路易國王吃驚地大喊：「這是暴亂！」
一旁的公爵糾正國王：「不，陛下，這是革命。」
革命？
路易十六不理解這個詞彙的力量。但剛開始時，國王的確是想理解革命的，再加上許多民眾仍希望回復過去穩定安寧的生活，於是兩邊很快就進入了一段蜜月期。只不過這蜜月期才持續了短短三個月，一起事件就徹底改變了局勢——

憤怒民眾大舉湧進凡爾賽，國王王后永遠離開了王宮

這一切，都起源於一場凡爾賽宮的晚宴。
一七八九年十月，日漸感到不安的凡爾賽宮決定僱請外國傭兵，加強宮廷的保衛武力。然而他們萬萬沒想到，就在外國傭兵抵達的隔天，本來就已經不信任國王的巴黎街頭，馬上開始出現各式各樣的陰謀論：國王從國外僱來了傭兵！國王打算背叛人民、驅

散制憲會議！

同時，反對王后的報紙更是繪聲繪影。王后的死敵奧爾良公爵趁機派出一群間諜，前往巴黎各客棧和酒館，負責火上加油，讓整個巴黎充滿了實際上根本不存在的情節：王后在晚宴上力勸士兵將槍口轉向國民，甚至帶領狂歡者踐踏代表共和的三色帽徽！最後鼓動人們：拿起武器、反抗王權!!

幾天後，巴黎婦女就做出了反應，開始聚集在巴黎市政廳，並發出極具感染力的呼聲：「到凡爾賽去！」大約有數千到一萬名婦女，背後還有一萬五千名同情婦女的革命衛隊，就這樣浩浩蕩蕩地朝王宮前進。

當巴黎的戰鼓敲響時，凡爾賽宮仍毫不知情。這天早晨，國王準備用一場狩獵來擺脫煩悶的情緒；而王后則到附近的小特里儂宮散步——這座優美精緻的小宮殿一直是她的避風港。正當王后靜靜欣賞秋意濃厚的花園時，一名侍童急匆匆趕來稟報王后：「暴民已經向凡爾賽挺進，請王后馬上回宮！」

王后迅速趕回凡爾賽宮，但她走得太過倉促，竟未回頭再看這她摯愛的花園與宮殿一眼；當時的她也不知道，這將是自己此生最後一次看見這絕美的花園。

等到王后回宮時，王室還有兩個小時做出決定。有人建議國王與王后立即離開王宮，也有人建議動用軍隊。然而路易十六——這優柔寡斷、多愁善感的男人，怎麼可能下令將大砲對向婦女？他做了他一貫的決定：什麼也不做。沒過一會兒，黑壓壓的人群就像一團爆發後流出的火山岩漿，抵達了凡爾賽宮。

國王接見了抗議代表，宣布無條件接受《人權宣言》，希望能平息民眾的絕望與憤怒。沒想到隔天早上六點，一群很明顯衝著王后來的抗議者翻進宮牆，逐一搜尋王后的寢室。王宮衛兵立刻緊閉大門，而在入侵行爲越來越激進的情況下，衛兵開槍了。

兩邊的敏感神經徹底被這聲槍響觸動。過不了多久，成百上千位民眾抓起長矛、火槍，潮水般湧進王宮，他們甚至眞的砍了兩名御林軍的頭，將頭顱插在長矛上示眾……

瑪麗王后嚇得魂飛魄散。當刀斧的聲響在門外響起時，她慌慌張張地從密道逃了出去；等到陷入瘋狂的襲擊者衝入寢宮時，早已人去樓空。憤怒至極的群眾無處發洩，乾脆把床墊、床單、枕頭甚至鏡子都砍成了碎片。

最後，國王王后被「請」去巴黎。下午兩點，王室一家的馬車駛離凡爾賽宮的鍍金大門，永遠地離開了這裡。

一路上，瑪麗王后受盡羞辱。一些最激進的抗議者不斷在王室馬車旁邊開槍慶祝、揮舞手中的長矛，還一邊高唱由王后淫亂故事編成的下流小調，一邊對王后做出各種猥褻不堪的動作。面對這一切羞辱，王后只能假裝眼不見為淨；仍不滿意的暴徒則在此時發揮他們的血腥創意：他們拿來那兩顆被殺害的衛兵頭顱，撲上了王后御用的粉餅、夾上王后專用的髮捲，再把這血腥的戰利品拿到王室馬車旁邊，讓王后看看自己心愛的化妝品，現在被用在什麼地方！

也許王后看到了，也許沒有。此時的她只感到精疲力竭，那緩緩前進的車輪讓她明白，這輛車要載她前往的地方，叫做災難。

大革命最戲劇性的篇章：國王逃了！

來到巴黎後，孤立無援的王室只能看著制憲會議大展拳腳。一七九〇年六月，制憲大會廢除了所有世襲貴族頭銜，一個月後又開始針對教士推行一連串法令。王后驚恐地看見，法國君主制度的兩大臺柱一點一滴步向毀滅。她寫信向哥哥神聖羅馬帝國皇帝利奧波德二世求援，說他們現在只剩下兩個選擇：要不就是滿足那些「叛逆者」的所有要求，要不就是死於高懸於我們頭頂的劍下！

面對親妹妹的求救，皇帝卻只能嘆口氣，說：「我有個妹妹，是法國王后；但神聖羅馬帝國沒有姊妹，我只能按照人民的福祉行事，而不是按照家族的利益。」

皇帝只能給妹妹一個官樣回覆：祈求國王與王后陛下能保持鎮靜，並懷抱樂觀。瑪麗王后絕望至極，最終，她說服國王採取一項大膽的行動：出逃巴黎！

事實上，王室的擁護者早已花了整整一年的時間，做足了逃亡計畫的準備。他們預計在逃出巴黎後一路向東，逃往德法邊界的要塞城市蒙梅迪（Montmedy）。一旦到達那裡，他們就能得到掌管法國東北部軍隊、對王室友善的布耶侯爵，以及他那一萬名保王黨軍隊的保護。但等到準備逃亡的一七九一年六月十二日那天，計畫卻臨時被推遲到十九日。

王室擁護者慌了手腳：整個逃亡計畫要帶十一個人、還有國王王后的一大堆行李跑將近四百公里！這麼龐大的計畫，隨時都有可能發生任何意外，讓整個計畫付諸東流！等到十九日，因爲已經引起一名女傭的起疑，整個計畫再次被推遲二十四小時。終於等到二十日晚上，出逃的時間已到——

這天晚餐後，路易十六一家人在大廳從容地聊天，到了晚上大約十點，王后短暫離開了大廳，叫醒了王子與小公主，當六歲的小王儲換上一套平民衣服時，他還愉快地想：「我們要去演戲！」

但這不是演戲，而是眞實賭命的計畫。將近午夜時分，國王夫婦終於登上馬車，等到來到了巴黎郊外，逃亡的一家人才終於鬆了一口氣。興奮的孩子們正在打鬧、國王在用銀製餐具吃著烤雞，瑪麗王后更是露出難得的笑容，因爲只要抵達位於路程剛好一半的沙隆（Chalons）城，一切就順利了——那裡有先遣的騎兵隊在等待，將一路護送他們抵達邊境。

下午四點時，他們終於抵達會面點——

……什麼都沒有。

好不容易才出現一名禁衛軍騎士，國王問他：「騎兵呢？」

不料對方卻回答：「走了。一個都沒有。」

原來，國王一家抵達時，已經比預定時間晚了整整三小時。在當地等待的騎兵認爲國王應該又推遲了計畫，便先行撤退了。

歡樂的情緒一下子降溫。這下，國王一家人得在沒有騎兵的保護下獨自前往邊界。

事實上，國王完全沒料到自己早已暴露在危險之中。巴黎民眾很快就發現國王一家已經逃走，甚至有謠言說他們將與神聖羅馬帝國皇帝合作，向巴黎進攻！恐慌逐漸蔓延全城，制憲大會召開緊急會議，下達命令：追捕國王！

在夜色掩護下，國王一家繼續按照著路線前進：已經走了六成、七成……就在路程還剩下四分之一左右的時候，王室一家穿過一個名爲聖默努（Sainte Menehould）的小鎮。當時，一名年輕的驛站站長疑惑地看著這輛不尋常的華麗馬車，突然發現裡面的乘客似乎有點面熟，他拿出一張鈔票比對了一下，驚訝地叫了出來：那就是國王！

年輕站長不動聲色地讓馬車經過，隨即跨上馬一路奔馳，他的目的地正是整條逃亡路線的倒數第二站：瓦雷納（Varennes）！因爲只要過了這裡，國王就等同於進入保王黨的勢力範圍。而這時，國王一家也陷入焦慮：只要再一小時、再一小時就有騎兵護駕，我們就成功了——

但還是太慢了。年輕站長先抵達了這裡。十分鐘後，等到國王的馬車抵達時，一群革命黨已團團包圍住馬車：「站住！」

國王一家的真實身分遭到揭發，而他們也被送去面見當地市長：一名叫做「醬汁」（Sauce，他的名字就是這個）的雜貨店老闆。

按照醬汁先生的意見，他其實是願意放路易十六走的。但革命派此時已經把王室一家團團包圍，於是市長便建議：不如先到自己家裡借住一晚，順便避難。路易十六眼見沒有更好的方法，就答應了。

這是王室成員第一次進入一般民眾的住處。國王夫婦經過晾曬臘腸的小屋，爬上了吱嘎作響的樓梯，欣慰地發現市長家的牆上仍掛著路易十六的畫像。但在門外，要求交出國王的聲響越來越大。對王室而言，這是段痛苦難耐的等待。決定他們命運的兩支人馬——保衛國王或追捕國王，到底哪個會比較早出現？

漫長的等待來到了凌晨一點，樓下突然傳出了急促的腳步聲：保王派士兵來了！

王室一家士氣大振，但很快又被澆了一頭冷水：因爲時間倉促，目前只有最精銳的四十名輕騎兵，前來幫助王室突破層層革命派的民眾包圍！

國王問指揮官：「你能保證突圍時不會有子彈擊中我的家人嗎？」

指揮官說，他無法保證。

國王又問：「那是不是等大部隊前來會更安穩一點？」

指揮官答：「陛下，我靜候您的旨意。」

這是路易十六此生最需要決斷的時刻，但當機立斷剛好是這位國王最不擅長的。

隨著黑夜走到盡頭，早上六點半，逮捕國王的人來了。他們當著國王的面，宣讀國民議會的命令：「國王的權利已被國民議會廢除，任何人碰到國王全家，都可採用一切措施，以阻止國王繼續他的行程……」

一切都來不及了。國王在離開前說了一句：「再也沒有法蘭西的國王了。」

二十分鐘後，前來接駕的保王黨軍隊才終於抵達了現場。

這次出逃徹底改變了大革命。一七九三年，路易十六被送上斷頭臺；九個月後，瑪麗前王后也難逃一死。瑪麗換上一身白色衣服，迎接自己的命運。

這是一個極為強烈的訊息：白色象徵著純潔無瑕，是她對「淫婦」之名最後的無聲反駁。面對群眾的各種羞辱，她始終昂然挺立，不發一語。她一生從未贊成過大革命，因為她看到的大革命不是自由、平等、博愛，而是一群人假藉這樣崇高的名義，對她發出淫亂、叛國等各種不實的指控。

無人攙扶她走上臺階，卻有人為她鬆綁、再摘下她的無邊帽。將頭穿過木製擋頭後，接著，脖子一涼。一代王后就此奔赴黃泉。

歐洲羅曼死關鍵字

#十八世紀　#瑪麗亞德蕾莎　#路易十六　#斷頭王后
#三級會議　#國民議會　#法國大革命　#路易十六出逃

她是歐洲最美的皇后，不幸卻在華麗婚禮後悄然來臨

——茜茜公主

她是歐洲最美的皇后，也是最不幸的皇后。

她的美貌能平息叛亂；她與奧地利皇帝法蘭茨．約瑟夫一世（Franz Josef I）的故事，是整個歐洲宮廷史上最動人心弦，也最引人傷感的羅曼史。甚至，許多人一輩子渴望的人生成就，我們的主角——茜茜公主（Sisi），在十五歲時就已經全部解鎖了。

這樣的人生到底有什麼不幸的？原來，她一輩子都活在新舊時代的交界。打從法國瑪麗．安東尼王后人頭落下的那一瞬間，一個新時代就不可避免地展開了。在瑪麗王后過世後，她的娘家神聖羅馬帝國對法國發動一系列戰爭行動，但好死不死遇上了有名的

法國軍神：拿破崙。

最後，這個上千年的神聖羅馬帝國就在拿破崙的壓力下永遠結束了，取而代之的是奧地利帝國。雖然最後龐大的反法同盟仍然打敗了拿破崙，然而革命的風潮已經逐漸在民眾之間醞釀。茜茜公主的一生都在彷彿還活在上個世紀的皇家傳統，和風起雲湧的革命風潮間不斷掙扎，並無助地看著自己生命中所有重要的事物一一被奪走：長女病死、長子爲愛殉情，她本人又親手將丈夫推進另外一個女人懷中，最後則死在一名無政府主義刺客手裡。

這一切都是從一八五四年那場華麗婚禮開始的。那除了是一場名副其實的世紀婚禮，也是一場象徵一切都即將結束的世紀末婚禮——

茜茜公主到底是何許人呢？一八三七年的聖誕節，小名茜茜的伊莉莎白·歐根妮出生在南德的慕尼黑。她的父親雖然貴爲公爵，但其實就是個長期賦閒在家的貴族，平常只喜歡寫寫詩、彈彈琴；某天閒來無事，他甚至在院子裡蓋起一座馬戲團。

從小在這種環境下長大的茜茜公主，很自然地習慣了這種自由自在的生活方式。不過命運就是這麼愛捉弄人，隨著時間流逝，一八五三年時，在遠方的帝都維也納，茜茜的姨媽，同時也是奧地利帝國的皇太后蘇菲，正爲兒子法蘭茨·約瑟夫一世的婚事操碎了心。

照理來說，皇帝當時年僅二十三歲，確認帝位繼承人本應不是這麼緊急的事才對，但皇帝剛好遇上了一次暗殺行動。那年二月的某天，法蘭茨·約瑟夫皇帝正沿著皇宮城牆散步時，一名手持匕首的人正打算從背後攻擊他。

不過很幸運的，當時正好有一名婦人遠遠看見有人拿著匕首靠近皇帝，立刻大聲叫了出來。聽到叫聲，皇帝正轉身想看看發生什麼事，沒想到匕首迅雷不及掩耳地迎面而來，不偏不倚刺中皇帝軍裝上的金飾。

雖然整場刺殺行動有驚無險地結束了，但從那天起，擔心受怕的太后更勤奮地想爲約瑟夫物色一位皇后。左思右想，她找上了自己的妹妹，也就是茜茜的母親，並打算把茜茜的姊姊海倫娜送到皇帝身邊。

兩老於是開始扮起了紅娘，並爲兩人的相遇量身定做了一整套計畫：幾個月後，皇帝會在德奧邊界的皇家避暑勝地舉辦家庭聚會。在這個山明水秀、鳥語花香的地方，盛裝出席的海倫娜翩然出現在皇帝眼前，接著一切就水到渠成了。

不過這時，意外卻發生了——

海倫娜確實盛裝出現在皇帝的晚會上，但皇帝完全沒有按照預定計畫喜歡上她，而是整晚都看著穿著樣式簡單的粉紅色長裙、臉上帶著天眞浪漫神情的茜茜公主。皇帝和她跳了一支又一支舞，等到舞會結束時，也把花束獻給了她。當晚，皇太后在日記裡記下了兒子興奮的樣子：「茜茜多麼可愛啊。她的髮型多麼優美、眼神多麼溫柔，還有那櫻桃般的小嘴……」

後來，皇帝請求母親去探探姨媽的口風，想知道茜茜對他是否也有一樣的意思（這皇帝還眞的有夠像情竇初開拔花瓣的國中生）。

「我請求他不要輕舉妄動，請他再想一想。」太后在日記中寫道。畢竟理智和經驗都告訴她，個性自由奔放的茜茜不可能適應得了宮中各種繁瑣的規矩。但是被愛沖昏頭的皇帝已經什麼都聽不進去了，不得已，皇太后只好請妹妹詢問茜茜的意思。

茜茜同意了。因此在隔天——眞的是隔天，兩人就舉行了官方訂婚儀式，並且訂在隔年的一八五四年四月二十四日舉行婚禮。舉行婚禮的日子很快來到，在婚禮前三天，整個慕尼黑特別爲了茜茜公主舉辦了盛大的歡送儀式，她也一一向自己的親人告別。最後在眾人揮手祝福中，淚流滿面地和父母登上馬車，開始爲期三天的旅程。

眾人豔羨、主角崩潰的世紀婚禮

晚上，茜茜一行人抵達了奧地利的中繼站林茨（Linz）。讓茜茜又驚又喜的是，皇帝竟然一早就從維也納趕過來，出現在歡迎茜茜的人群中。皇帝的出現完全出乎當地居民的意料之外，他在眾人的歡呼聲中走上前，輕輕地在茜茜公主臉頰上啄了一口（不過這種舉止不合禮法，皇太后聽到後差點沒暈過去）。但是他也不能久留，隔天早上四點，皇帝就得快馬加鞭趕回維也納，好在首都再次迎接他的新娘。

等到隔天茜茜公主一行人終於抵達維也納後，整個城市的鐘都響了起來。第二天下午四點，在維也納總主教的主持下，婚禮在奧古斯丁大教堂舉行。這座十四世紀建成的教堂已用紅色的天鵝絨裝飾，並在一萬五千枝蠟燭的光輝照耀下，由五十名主教共同見證婚禮的宣誓儀式。雙方交換戒指後，教堂屋頂響起了禮砲，來自巴伐利亞的伊莉莎白女公爵，正式成爲奧地利的伊莉莎白皇后。但是外表會騙人，看似夢幻的婚禮，其實遠遠不如表面上這麼美好……

其實大家想想看就知道了，這一切對一個十六歲的小女孩來說壓力有多大。在沒有高速公路的十九世紀舟車勞頓三天後，先是在林茨歌劇院觀看了以她爲名的劇目《伊莉莎白的玫瑰》，接著是合唱團表演和盛大的火炬遊行。當時茜茜想必已經筋疲力盡了，但她還是努力打起精神。

隔天早上八點，茜茜乘船離開了林茨。她不得不站在甲板上，朝著成千上萬在街道和岸邊的人群揮手。她完全嚇壞了，此刻也才意識到自己正緩緩走進一個完全未知的世界。抵達維也納後，整個城市的鐘聲同時響起、加農禮砲發出巨大的聲響，而聚集的人群更遠遠多於林茨。但是她卻沒時間休息，立刻和家人出發前往維也納近郊的美泉宮

（Schönbrunn），因爲在那裡即將舉辦一場盛大的晚宴。

美泉宮是哈布斯堡王室的驕傲，整座宮殿共有一千四百間房間，但裡面爲數眾多的貴族她一個也不認識，只感覺人們一個個從她面前經過，抓著她的手就親。正如同日後一齣舞臺劇所演的：「……人們抓住我，就像抓住一隻罕見的動物……」

好不容易等到婚禮結束，茜茜公主的任務卻還沒完，她還得回到宮殿去接受貴族婦女的祝賀。根據當時的場景描述，此時的茜茜早就已經體力透支了。她筋疲力竭、面無表情，而且完全詞不達意。但根據宮廷規矩，在皇后沒有開口前，任何人都不得隨便開啓話題，整個儀式只好在一片尷尬下繼續進行。到最後，終於有兩位茜茜公主認識的表哥來到她面前。

茜茜簡直就像在汪洋中找到一塊浮木似的。她立刻收回自己的手，跳下座位親吻他們的臉頰、擁抱他們。這樣的行爲讓侍從官極爲震驚，立刻嚴厲地制止了茜茜，表示在這樣的儀式中，皇后只能伸手讓他人親吻。

也許是因爲連日的疲憊，再加上在大庭廣眾下被糾正的羞恥，終於讓茜茜崩潰了。她淚眼汪汪地離開大廳，留下一整群貴族面面相覷；而這也爲接下來的各種八卦花邊提供了養分，將讓她在接下來好幾個月裡成爲眾人的笑柄。事情還沒結束，給茜茜最後一擊的，正是自己的婆婆——皇太后蘇菲。當她在房間裡終於等來自己的夫婿時，沒想到卻是婆婆帶著自己的兒子走到床榻前，還一直待到他們就寢後才離開。隔天早上，夫妻倆吃早餐時，她又看見婆婆走了進來。這一切在在告訴茜茜：宮廷沒有隱私，他們夫妻永遠沒有獨處的時候。不管什麼時候，婆婆都會一腳插進他們之間。

皇冠、珠寶、華服，還不如一個好婆婆

結婚才沒幾個月，茜茜簡直就要發瘋了。她這樣形容自己的婆婆：「我眞是受夠了那個惡毒的女人！我做的所有事情都是錯的，她不斷批評所有我愛的人，而且會不斷不斷挖出你所有的事情。」

這中間到底發生了什麼事？根據媒體的統計，有七種婆婆特質是媳婦最無法接受

的，諸如控制欲超強啦、超愛嘮叨啦、有嚴重傳統思想、把媳婦當空氣、怕兒子被搶走、潔癖，還有一天到晚問「什麼時候要生小孩」之類。通常只要出現其中一種，整個家就可以被鬧得雞犬不寧。

而我們茜茜公主的婆婆，總共占了六種。

事實上，皇太后蘇菲本來就是一個思想老舊的人。正如同歷史學家暨傳記作家碧姬・哈曼（Brigitte Hamann）所說：

「……蘇菲大公妃整個人仍沉浸在十八世紀的思想中。她對個人主義、在宮廷領域中牽扯私人情感等事都不抱什麼好感。這和她的兒媳天差地別。有次她甚至寫信給梅特涅首相的夫人，指出一個人最好不要相信『每個人的個性具備任何意義』，因爲她一再發現，即使一個人被另一個人取代了，也不會對世界產生任何一點點改變。」

蘇菲就是這樣訓練自己的兒子，現在，她也要把茜茜「壓」成皇后應有的樣子。在她眼中，茜茜根本就是個不合格的皇后，缺乏必要的訓練：穿著、對奧地利歷史的教育，還有應對進退的技巧。婚後第一天的早餐，茜茜公主就這樣淚眼汪汪地離開餐桌。

茜茜周遭的僕人全都是奧地利人，她自己帶來的貼身僕人則被晾在一邊。她感覺一整天下來，自己唯一做的事似乎就只是換衣服，好應付來自各國的代表團：匈牙利的、波希米亞的，穿上他們的傳統服飾會見他們；不然就是一小時接著一小時、無止無盡的各種典禮。就連父母要啓程回到慕尼黑，她都沒辦法和他們好好聚一聚。而當父母回去後，身邊竟連一個熟識的人都沒有。娘家的痕跡就只剩下自己帶來的幾隻鸚鵡。

但萬萬沒想到，太后竟然連她的鸚鵡都要奪走。身爲皇后，茜茜唯一的任務就是生下帝國的繼承人。所以當茜茜懷孕後，皇太后急忙寫了一封信給兒子，要兒子叮囑皇后，應該多關注自己的儀態，而不是太過關心那些鸚鵡。太后成功了，鸚鵡被移出了茜西的寢室，但太后卻完全沒發現背後傷心欲絕的茜茜，只吩咐她：沒事就把自己的肚子露出來，國民需要看見懷有身孕的皇后。

總算等到小孩出生的日子。如果生出的是男孩，帝國繼承人就有保障了。生產時，茜茜緊緊握著皇帝的手，親吻著他，並用溫柔的話語安撫焦急的皇帝。在這動人的一幕裡，皇帝也流下了眼淚。接著，小孩出生了——

讓眾人大失所望，生下的是名女嬰。

早在孩子出生前，皇太后就已昭告天下：無論茜茜生下來的小孩是男是女，都將由自己肩負起養育的責任。她甚至把育嬰室建在自己的寢室旁，而且沒經過茜茜同意，就把孩子命名為「蘇菲」，以感謝孩子的祖母（也就是她本人）。當茜茜想要去看女兒時，太后則會跟在旁邊，從頭到尾緊盯著她們。

茜茜爆炸了。她向丈夫提出嚴正抗議，不幸的是，這一點用也沒有。等到二女兒吉賽拉出生後，茜茜才終於奪回一點點撫養權——最後，他們終於商定，冬天時，兩位小公主可以待在茜茜身邊；到了夏天，小公主們就回到美泉宮，由婆婆撫養。

一切看起來總算有好轉的跡象。在皇帝寫給母親的信中，談到大公主蘇菲是個快樂、活潑的女孩，時不時會「喏喏喏」地笑著，還會把腳放到自己的嘴巴裡。但就在兩邊的火爆氣氛即將平息時，茜茜卻犯了一個致命的錯誤，大到甚至必須用自己的一生來彌補。

一八五七年，皇帝計畫訪問匈牙利。茜茜公主早就表現出對這個國家的濃厚興趣。在她的印象中，匈牙利人精通騎術，充滿生氣和活力，遠比裝腔作勢的維也納貴族有趣得多；而且她決定要趁這個難得的機會，把兩個小孩也帶去。

儘管皇太后對此提出了嚴重抗議，但是一家四口還是踏上了輪船，前往布達佩斯。那時正是春暖花開的五月，但是表象會騙人，在春風裡甦醒的，不只是生命的活力，蠢蠢欲動的疾病也隨之而來。

在旅程中，兩位小公主都開始出現了發燒和腹瀉的症狀。不過隨行的醫生認爲，小公主的身體並無大礙，茜茜只是反應過度而已。只是隨著時間過去，二女兒吉賽拉的身體雖然逐漸好轉，但兩歲的大女兒蘇菲情況卻越來越危急。她的體重急速減輕，還不時因爲痛苦和顫抖蜷曲身體。一八五七年五月二十九日，蘇菲小公主終於停止了掙扎，在悲痛欲絕的母親懷抱中，嚥下了最後一口氣。

遠在維也納的宮中，太后焦急地等待著孫女的進一步消息。最後，她收到皇帝寫的信：「現在，她已經成爲天堂裡的小天使了……」

回到維也納後，整個王室籠罩在一片愁雲慘霧中。接下來的人生裡，茜茜皇后都沒有眞正走出喪女的悲傷。女兒死了，而自己就是一切的始作俑者。蘇菲皇太后發瘋似地痛斥皇后，這也成爲後來茜茜徹底放棄與婆婆爭奪撫養權的原因。她的孩子——包括一年後誕生的帝國繼承人魯道夫王子，全都被送回皇太后那裡。

沒想到，小小的魯道夫王子繼承了茜茜多愁善感和崇尚自由的個性，在父親刻意爲之的軍事教育下，下一個悲劇已經默默地浮上檯面了。

某天清晨，魯道夫的家教老師走進他的房間，接著開始用手槍對著天花板射擊。敏感的王子當場被嚇得魂不附體。但是家教——一名奧地利軍少將的嗓音，迴盪在整個皇宮中：「不要怕槍聲！不要怕！」

悲傷的皇后，戰爭的沉重

前面說到茜茜的人生有多崩潰。打從她嫁進來第一天起，太后就要求她每分每秒都必須待在自己的掌控範圍內。例如茜茜非常討厭出現在公眾面前，但太后卻要求她打開窗戶，讓民眾時時刻刻都能看見她。茜茜唯一的發洩對象，當然就是永遠被夾在中間的丈夫——法蘭茨．約瑟夫皇帝。

事實上，皇帝在這段故事裡的立場甚至比茜茜更艱難、更悲哀。他一直都知道，這一切雖然讓茜茜非常痛苦，但要讓風雨飄搖中的帝國存活下來，那位曾被稱爲「霍夫堡唯一的男人」的皇太后，所做所爲其實是有道理的。

就像奧地利國徽上那隻雙頭鷹，皇帝從外交內政，一直到自己的家務事，全都處於極度兩難的狀態：外有法國、俄國、普魯士虎視眈眈；境內則有德意志人、匈牙利人、斯拉夫人各懷異心。鄰近的國家揮舞著民族主義這支大旗，在他們眼裡，多民族組成的奧地利帝國簡直就像一個中世紀的古老遺物。

在這種困境下，皇后越常出現在大家面前，就越有助於穩定浮動的人心，但這無助於改善茜茜和太后之間的關係。在茜茜不斷抗爭下，雖然她終於得到了撫養自己孩子的權利，卻萬萬沒想到，悲劇竟然就這樣發生了。

茜茜始終沒有從失去蘇菲小公主的哀傷中恢復過來，身為皇帝的約瑟夫也無法一直陪伴心碎的妻子。一八五九年，薩丁尼亞王國挑戰奧地利在義大利半島的霸權，第二次義大利統一戰爭即將爆發。在屬地米蘭和威尼斯岌岌可危的情勢下，約瑟夫皇帝選擇御駕親征。到了義大利戰場，即使皇帝每天忙得分身乏術，仍然平均兩天就寫一封長信回來，開頭全都是「我最親愛的天使茜茜」。

「我最親愛的天使茜茜，我起床後的第一件事，就是想告訴妳：我有多愛妳、多麼想見到妳和孩子們……照顧好妳自己，就像妳先前答應我的，不要再那麼悲傷……」

位於前線的皇帝不只要擔心義大利的戰事，還要擔心愛妻越來越糟糕的身心狀況。打從一年前小王子魯道夫出生後，她就開始節食；而當皇帝離開維也納後，情況變得更嚴重。大臣向皇帝稟告皇后患了身心症：任何食物都引不起皇后的食欲，而且每天都讓自己被大量的運動弄得筋疲力盡。她不斷擔心自己過胖，結果當她回到娘家小住時，家人被她骨瘦如柴的模樣和劇烈的咳嗽給嚇壞了。

義大利戰場的情況也很嚴峻。薩丁尼亞─法國聯軍在短短四天之內就已經攻陷了米蘭。失去米蘭讓皇帝極爲震撼，現在約瑟夫皇帝已成爲維也納人發洩憤怒的間接對象。他甚至不得不給茜茜寫信，請她打起精神，要求她在維也納的公共場所露面，好給徬徨的奧地利人一點信心：

「我親愛的、親愛的天使，我請求妳，以妳對我的愛之名振作起來；請多出現在世人面前一點……妳不知道如果妳這樣做了，對我的幫助有多大。這將會讓維也納的人民振作起來，並且保持一種我現在亟需的樂觀氛圍。請爲我，也爲讓我心煩意亂的那麼多事情，照顧好妳自己……」

直到會戰前一晚，皇帝寫給皇后的信裡仍只提到對她身體的擔憂，甚至連隔天即將舉行、決定勝負的會戰都沒提到。

隔天的會戰中，雙方共二十五萬兵力苦戰在生與死的邊緣。在這場戰爭裡，約瑟夫皇帝親眼見證了現代戰爭的殘酷。一秒鐘前還是個活生生的士兵，下一秒就在另一名士兵完全偶然的瞄準下，被無端的仇恨奪去了生命。文件上被一筆帶過的死傷數字，現在就在皇帝眼前成爲殘缺不全、血跡斑斑的屍體。無數士兵爲國捐軀，但國家也未因此獲得榮耀。七月，奧地利終於簽訂了和約，以恥辱的戰敗與割地求和結束了戰爭。當皇帝回到維也納，城市裡的人們冷冷看著皇帝的車隊駛過，男人甚至沒有脫帽致敬。

皇帝默默吞下所有的苦澀與恥辱。不過他的苦難遠不只如此，接下來的人生裡，他還要失去更多東西：下一個就是他自己最親的弟弟。而這一切都和中美洲的另外一個國家——墨西哥有關。

等等，遙遠的墨西哥是怎麼和奧地利扯上關係的??

墨西哥雖然在一八二一年獨立，但是獨立三十年餘來，經濟敗壞和政治紛爭一直籠罩著這個國家。一八六一年七月，墨西哥的君主立憲派打算在歐洲「邀請」一位天主教王子做爲墨西哥的皇帝。最後，他們選擇了天眞爛漫的馬克西米連大公，也就是約瑟夫皇帝的親弟弟。

對年輕的馬克西米連來說，這絕對是一項巨大的誘惑。長久以來，他一直都是個知名的自由主義者，但隨著小王子的誕生，馬克西米連繼承帝位的前景越來越渺茫，自己的政治理想根本無法施展。儘管所有人都反對這個提議，包括蘇菲皇太后和茜茜皇后在內，但這一切都阻止不了熱情洋溢的馬克西米連。而最後的決定權，就落在哥哥約瑟夫皇帝的頭上。

約瑟夫立刻陷入了兩難。一方面，他希望弟弟能施展抱負；但另一方面，他也看見了這項提議背後其實藏著法國國王拿破崙三世的影子：之所以慫恿弟弟接受皇位，其實只是想利用他，讓法國勢力進入墨西哥罷了。

約瑟夫明明擔心弟弟的安危，但最後，這木訥的哥哥卻選擇用最官僚、最冷漠的方式「勸退」弟弟：一八六四年初，馬克西米連接到一份由哥哥授意的備忘錄，表明如果他接受了墨西哥的皇冠，就會喪失奧地利的繼承權和做爲奧地利親王的所有收入！

馬克西米連愣住了。

他一直以為哥哥是自己從小到大的夥伴，也一直以為自己在皇帝心中畢竟和宮廷那些大臣不同，但這麼官僚的回答卻讓馬克西米連感受到，冰冷的制度可以奪走人間最美好的親情，這與他心中充滿人性的政治相去甚遠。

他最終在棄權聲明上簽了字。

弟弟已然遠去，約瑟夫卻沒有時間沉浸在失去弟弟的哀傷中，因為在北方，有一個更強大的國家正在興起，每分每秒都在威脅奧地利的霸權——普魯士。

兄與弟

一八六二年九月，四十七歲的俾斯麥剛剛授命領導普魯士內閣。俾斯麥宣稱：德意志的未來不在於普魯士的自由主義，而在於強權。因此普魯士必須保存它的實力，以等待良機。「當前的種種重大問題，不是演說與多數原則所能決定的……要解決，只有靠鐵和血！」

普魯士的軍國主義政策對奧地利構成巨大威脅，整個德意志大地也因此分成壁壘分明的兩個陣營。爲了爭奪德意志的霸權，兩國都在爲一場被後世稱之爲「兄弟之戰」（Bruderkrieg）的戰爭做準備。就在戰雲密布的當下，有一天，約瑟夫皇帝萬分訝異地接到自己的弟媳，也就是墨西哥皇后夏洛特的求見。

原來不出所料，馬克西米連來到墨西哥後，他天眞地相信自己將成爲印地安農民的解放者，也執行了一系列自由主義改革，試圖帶給貧苦農民土地和希望，不料這一切觸怒了擁有大量土地的教會。原本最大力慫恿馬克西米連的法王拿破崙三世眼見他在墨西哥的失敗已成定局，立刻藉口法國國防力量不足，將法軍調回。三十四歲的墨西哥皇帝馬克西米連一世，立刻在這塊陌生的土地上陷於孤立無援。

萬不得已，夏洛特離開丈夫身邊、回到歐洲尋求支持。拿破崙三世當然毫不猶豫地拒絕了她，最後夏洛特滿心期待地來到維也納，希望奧地利皇帝能伸出援手。但是，約瑟夫又能怎麼辦？自己的弟弟被困在遙遠且滿懷敵意的地方，但是隨著普魯士勢力越來越強大，奧地利還有辦法抽出手支援遙遠的墨西哥嗎？

到了一八六六年，普奧戰爭看似已經不可避免。先前支援普丹戰爭時得到的領土，現在已經成爲普魯士引爆紛爭的導火線⑦。

進入五月後，兩邊開始進行作戰準備。相較老舊的奧地利軍隊，普魯士軍隊採用的是新式的後膛撞針槍，發射速率是前膛槍的三倍以上。另外，普魯士很早就開始利用鐵路運送士兵，早在二十年前，普魯士陸軍就實施了第一次大規模鐵路運輸軍隊的演習。到了五月中旬，約瑟夫已經失去了耐心，他寫信給皇太后：「寧可讓戰爭快點來臨，也不要再持續這種局面。花了這麼多錢、做出這麼多犧牲，無論如何我們都必須得到一個結果！」

另一方面，焦急的夏洛特仍在等待皇帝做出拯救親弟弟的決定。在他們原本熟悉的海邊別墅裡，遠方的海風輕柔拂過，馬克西米連鍾愛的花草依舊綻放，但夏洛特根本無

---

⑦ 一八六四年，奧地利和普魯士代表德意志邦聯，和丹麥爭奪什勒斯維希（Schleswig）和霍爾斯坦（Holstein）兩個公國的控制權。結果德意志邦聯勝利，由普魯士管理什勒斯維希，奧地利則管理霍爾斯坦。

心欣賞。她盡力鼓舞自己，要緊抓一線生機。但多少個夜晚裡，只要一夢到墨西哥共和軍的影子，就足以讓她一身冷汗地嚇醒，接著便無可自拔地墜入悲觀消沉的情緒，在月明星稀的夜晚獨自垂淚。

這一切皇帝都知道，但他也知道自己的國家早已不是獨霸中歐的強國。在左支右絀的情況下，帝國根本不可能基於皇帝的私人感情貿然出兵。所有的親情、原則，都得讓步給帝國的生存。

時間很快就到了六月，普奧衝突已達極限。十四日，普奧戰爭正式開打，短短兩天之內，強大的普魯士軍隊就穿越了德意志小邦國的邊境。普奧兩邊兵力相當，奧地利一方雖有薩克森王國的兩萬五千名士兵直接投入作戰，再加上巴伐利亞等強大邦國的間接軍事資源，但由於普軍的裝備先進，反而讓奧地利部隊連連受創。

坐鎮維也納的法蘭茨．約瑟夫皇帝焦急地等待戰報，只是前線的指揮官在連日受挫後，精神狀態已經瀕臨崩潰了，絕望中，他竟然發給皇帝一封電報，請求皇帝「不惜一切代價，立即謀求和平」。

皇帝嚴正地拒絕了。在電文最後，他質問指揮官：兩軍是否已經開始接戰？

在皇帝的催促下，奧地利投入全部軍隊進行戰鬥。一八六六年七月三日，決定性的薩多瓦會戰爆發，在整場戰鬥中，雙方投入的軍隊在四十四萬到四十六萬之間。這是歐洲史無前例的大會戰，紀錄直到第一次世界大戰才被打破。一整天，約瑟夫皇帝都在維也納宮廷裡，緊張地守候著電報機。一直到中午時分，約瑟夫終於收到訊息：「普魯士進攻受阻，結果仍不明朗！」

但過了晚上七點鐘，戰敗的消息傳來了：普魯士王太子率領部隊從東面襲擊，迫使奧地利軍隊放棄陣地，潰不成軍！

戰爭打輸了。約瑟夫皇帝終於失去所有力氣，癱軟了下來。

很快的，普魯士軍隊就推進到離維也納僅二十多公里，但沒想到，普魯士的攻勢竟奇蹟似地停止了。原因是因爲俾斯麥不想摧毀奧地利，相反的，他要保護這個兄弟之邦，因爲按照歷史邏輯的推論，統一德意志霸業的下一步就是法國；對法國開戰時，奧地利的支持至關重大。

但是對約瑟夫來說，這一切都不重要了。奧地利失去了德意志的霸權，失去了中歐強權的地位，約瑟夫皇帝本人則失去了自己最親愛的弟弟，同時也是蘇菲皇太后最鍾愛的兒子——一八六七年，遠在墨西哥的馬克西米連遭到槍決。

堅強的皇后，新生的帝國

讓我們回到維也納的宮廷。聽到薩多瓦會戰戰敗的噩耗後，皇帝馬上又接到進一步的消息：普魯士軍隊現在正直撲維也納方向而來。「這裡很有可能會被包圍！」宮廷裡籠罩著一片絕望。茜茜寫道：「……沒有人知道局勢將會變得如何，我們再也沒有什麼東西可輸的了。」她心疼皇帝：「可憐的皇帝！他眞的已經太累了……」

此時茜茜心中唯一的想法，就是盡可能幫助自己的丈夫。事實上，在經歷失去女兒的低潮期後，茜茜早就不是當年那個在婚禮上哭哭啼啼的小女孩了，現年二十九歲的茜茜終於克服了羞澀個性帶來的自我懷疑，也開始結交新的朋友。髮型師爲她美麗的長髮專門設計了一種精巧複雜的髮型，點綴著閃閃發光的星形鑽石飾品，讓她看上去既有皇家的高貴典雅，又不乏自己的獨特風韻。現在，這些新朋友看起來竟像是整個皇室最後

 她是歐洲最美的皇后，不幸卻在華麗婚禮後悄然來臨

的救星：帝國境內的第二大民族匈牙利。

喜歡騎馬的茜茜嚮往這個簡單純樸的馬上民族，而布達佩斯也沒有像維也納一樣繁多的複雜規矩；甚至有傳言繪聲繪影，指出皇后對匈牙利的愛好，其實是因爲對匈牙利一位帥氣伯爵一見傾心。

不管是什麼原因，茜茜如今已成爲匈牙利溫和民族主義和自由主義最大的希望。一八六六年一月，茜茜以流利的匈牙利語，在布達佩斯議會上說出她最眞摯的願望：「願全能的上帝給予你們最優厚的賜福。」在場的聽眾全都被她打動，據一位議員回憶：「淚水順著大家的臉頰流了下來。」

保守的蘇菲皇太后對這件事情大爲光火，但在如今普魯士兵臨城下的時刻，匈牙利成爲皇室一家的救命稻草。茜茜立刻在布達佩斯附近置辦了一幢房屋，以做爲皇室的避難所，而匈牙利人也爲皇室打開大門：「我們絕對不會像懦夫一樣拋棄皇后！」

但皇帝知道，匈牙利的幫助不會是免費的。從一八四八年起，匈牙利就不斷試圖脫離帝國的掌握，從帝國成立以來——同時也是他繼位以來，一直維持的高度中央集權，在這一刻即將正式土崩瓦解。

皇帝終究還是屈服了。畢竟在外交與軍事上，奧地利一次次承受難堪的失敗，而皇帝難辭其咎。整個奧地利內政盤根錯節，帝國唯一的出路，就是與匈牙利人達成和解。

一八六七年五月，奧地利—匈牙利折衷方案通過，準備共同成立一個永久的共同君主國，名字就叫做「奧匈帝國」（Austro-Hungarian Empire），奧地利與匈牙利王國各有其議會及政府，至於雙方的共同事務，則由兩邊派出的代表團每年會商。

匈牙利歡欣鼓舞地慶祝終於盼到的自治王國。爲了慶祝達成和解，他們決定爲皇帝法蘭茨．約瑟夫在布達佩斯舉行一個隆重的加冕禮。根據描述，整場儀式「像夢境一樣美麗」，這是歐洲封建君主最後一次的盛大表演。盛大的彌撒所選用的樂曲是李斯特的作品，身穿傳統服裝的匈牙利貴族則用鴕鳥羽毛來裝飾自己的外衣。當主教將聖冠戴在約瑟夫頭上的這一刻，「奧匈帝國」正式誕生了。

這則折衷方案開啓了奧地利和平繁榮時期的序幕，在接下來來的二十年裡，約瑟夫終於度過了難得的平靜時期，而茜茜也獲得了更大的權力，終於把子女的教養權重新從婆婆那邊奪了回來，但是這一切，似乎都已經太遲了……

魂斷梅耶林

自從失去長孫女蘇菲後，婆婆便再也沒辦法相信茜茜，因此，一八五八年，小王子魯道夫誕生後，便被帶去給太后撫養，但太后對孫子的教養，就跟對待皇帝如出一轍：在小王子達到就學年齡後，她便委託一名嚴謹的將軍兼任教師，訓練小王子學會紀律、服從等軍人必備的品格。

但魯道夫不具父親那種木訥正經的軍人氣質。他天性敏感，也較爲脆弱，在這種不近人情的軍事教育下，魯道夫幼小的心靈開始急速枯萎，雖然最後在茜茜的嚴厲要求下，魯道夫終於得以解脫，但似乎已經太遲了。

隨著魯道夫逐漸長大，他很快就顯露出自己注定會成爲和父親完全不一樣的皇帝。他是個堅定不移的自由派，這種政治思想起緣於一八七七年、他陪同母親茜茜皇后一起前往英國時，而這趟旅行也改變了他的一生。

在這趟旅程中，英國貴族在國家政治所扮演的角色使他深受啓發：王黨和工黨這兩個對立卻並存的政治力量，似乎說明君主制與民主制可以共存在一個國家內，同時發揮作用。六個星期的旅行結束後，自由主義已深深烙印在他腦海中，他還把自己的感想寫成一本五十頁的小冊子，最後以《奧地利貴族以及其憲政使命》爲名出版。

不過正因爲如此，他與保守父親的隔閡似乎越來越深。王子非常不滿父親放任宗教勢力入侵至教育領域；而相反的，也不斷有重要的宗教人士指責王子與某些危險的自由思想家來往密切。儘管魯道夫在父親的壓力下娶了比利時公主，但婚姻極其不幸。他曾寫信給教宗以求離婚，卻遭到父親嚴厲禁止。而同時，王子婚後的各種風流韻事，也讓父親感到難堪。

王子對父親的看法非常嚴厲，同時也一語道破集權制度領導人的共同通病：

「我們的皇帝沒有朋友，深居高位、形單影隻。他與人談話，卻始終小心翼翼地避免眞正的交流，所以他很少知道人們的思想與感情，別人只用對自己有利的方式向他解釋事情。他相信我們生活在奧地利有史以來最快樂的時期。看報紙時，他只讀那些用紅筆畫出來的段落，這樣他就聽不到公正的、眞正忠誠的建議……」

最後，離維也納四十公里遠的梅耶林，成爲王子寧靜安詳的心靈家園。在這個被森林層層環繞的地方，陽光穿透密集的樹葉，在地上撒下一片片光斑。只有偶然的微風才能打破這裡的寂靜。但最後誰也沒想到，王子竟選擇在這裡嚥下最後一口氣。

一八八九年新年後，父子間長久以來的矛盾終於演變成劇烈的爭吵。報紙上出現一篇強烈反對普魯士的文章，由於王子一直以來明顯的反德傾向，魯道夫被認爲是背後的始作俑者。

這篇文章一發出，立刻被認爲是奧匈帝國釋放的訊息，氣瘋了的皇帝立刻把魯道夫叫來詢問。沒人知道房間中發生了什麼事，但魯道夫離開時怒氣沖沖，他的父親卻明顯情緒低落，表現出前所未有的沮喪。

一月二十九日，魯道夫缺席了家中的晚餐會。到了隔天，一輛從梅耶林來的出租馬車火速駛進皇宮，說有急事要稟報皇帝，但就在宮廷相關人員聽到消息後，臉色發青地表示：「這不能由我們任何人來說，必須由皇后親自向皇帝開口。」

於是，相關人員便帶著來訪者前去面見皇后。剛開始，正在上希臘文課的皇后正打算回絕：「請他之後再來吧。」

「稟報皇后，這不能等。這是從梅耶林來的，有關王子的重大消息。」

皇后立刻會見了來訪者，並得知：幾個小時前，他們發現王儲與自己的情婦死於梅耶林一間鎖得緊緊的房子裡。

茜茜幾乎立刻陷於崩潰，而這時門後響起了輕輕的腳步聲，正是皇帝本人。「等等！別進來！」

茜茜大喊。手足無措的皇帝只好在門外待了一會兒。待情緒稍微回復後，茜茜擦了擦自己的眼淚，對門外的女官說：「讓他進來吧，願神保佑我。」

她打起最後一點精神，向丈夫通報了自己兒子和未來皇帝的結局。沒人知道她是怎麼開口說出這個可怕的消息，但是當皇帝走出門時，他的頭垂得低低的，眞正成爲一個垂垂老矣、心碎的男人。

當天下午，透過報紙專刊，所有維也納民眾都知道了這個令人震驚不已的消息。雖然當局發布了「王儲死於心臟病」的官方聲明，但有關魯道夫之死的眾多傳言迅速蔓延，梅耶林成爲哈布斯堡家族最大的悲劇之地，也成爲一起眾說紛紜的神祕事件，各種陰謀論四起；茜茜之前甚至一度相信，是情婦藥死了王儲。

不過讓皇帝夫婦更加心碎的是，根據進一步的調查顯示，魯道夫是用手槍自殺的，而且顯然在自殺前先射殺了自己的情婦。至於自殺眞正的原因，一直到二〇一五年才揭曉：奧地利圖書館發現王儲情婦瑪麗・維賽拉寫給母親的告別信。

「親愛的媽媽，

「請原諒我做這件事情。我無法抗拒愛情。

「按照他的意思，我希望自己能和他一起葬在阿蘭的墓園裡。

「我死亡，會比我活著更加快樂。」

從現有證據看來，魯道夫王儲確實是爲愛殉情，但皇帝夫婦永遠都不會知道了。此後，皇后再也沒有從悲傷中回復過來。王儲從一出生開始，就身處巨大的壓迫中。「如果我可以讓魯道夫回來……」她對皇帝說：「我希望他是女兒身，而不是王儲。是的，在他還非常非常小的時候，他就被帶離我們太遠太遠，被扔到一個和正常童年完全不同的環境裡……」

悲傷的皇帝

皇后開始遠行。

一直到現在，許多旅遊行程都跟隨著她的悲傷足跡。她的旅程從家鄉巴伐利亞、瑞士、葡萄牙、西班牙，甚至到北非的摩洛哥、阿爾及利亞與埃及。在這漫長的旅途中，她總是穿著一襲黑色衣服、打著一把皮製陽傘，並用一把棕色扇子遮住臉孔。而當茜茜在外旅行的時候，法蘭茨·約瑟夫只能透過書信與她聯繫。從一八九〇到一八九八年這八年間，皇帝總共寫了四百七十四封信，除了一些家常事務以外，皇帝對她的思念也躍然紙上。

時間就這樣過了八年，一八九八年春天，皇帝和茜茜在絕美的阿爾卑斯山碰面。四十六年前，他們就是在這個如畫的地方相遇，但如今茜茜很快又要出門遠行，而這也是法蘭茨·約瑟夫最後一次見到自己的妻子。

一八九八年九月十日，茜茜正準備登船時，突然被一名年輕的義大利無政府主義者用一把銼刀刺傷。在驚慌之下，她根本不知道自己受傷的嚴重程度。其他人趕忙跑過來詢問：「陛下有沒有受傷？有哪裡痛嗎？」

「沒有、沒有，謝謝你。」茜茜回答：「這沒什麼。」

但是等到上船、解開束衣時，茜茜卻開始失去意識、緩慢地跌落在地。她的頭無力地垂在身旁的女伯爵胸口，眾人馬上意識到情況有多嚴重。女伯爵用盡全身力氣大喊：「水、水，還有醫生！！」

過不了多久，一封電報立刻送到了美泉宮。這時，皇帝正好在寫信給茜茜，這時一名伯爵走了進來，臉色蒼白。

「皇帝陛下，我有壞消息要給您……」

接到茜茜受重傷的消息，皇帝整個人跳了起來。他既訝異又迷惑。茜茜生病還可以理解，但「傷」是從哪裡來的？他馬上下令：「一定還有更進一步的消息，電話、電報！去找更多資訊！」

不一會兒，電報馬上就來了。皇帝心急如焚地打開，最後，他用顫抖的聲音說道：「……皇后已經過世了。」

他整個人癱坐在寫字檯前的扶手椅上。他緩緩、緩緩地說著：「在這世界上，我已一無所有了。」

他看著窗外風光，聲音逐漸變得輕柔。

「……沒有人知道，我有多愛她。」

茜茜公主的故事就這樣結束了，但奧匈帝國的命運還沒完。十六年後的一九一四年六月，皇帝的姪子、王儲斐迪南大公在塞拉耶佛被刺，給予八十四歲的法蘭茨·約瑟夫最後的重擊。

七月二十八日的早晨，皇帝坐在書房的寫字檯前，看著宣戰聲明。在他面前，是已故妻子的大理石半身像；在他的右手邊，是一只造型華貴的電動雪茄打火機，它是銅質的，十分笨重，還帶有深色的木質底座。

「承蒙上帝保佑，我的強烈願望依然如是——繼續展開和平的工作，繼續保護我的人民，免遭戰爭的犧牲和重負……」

「然而一個惡毒的敵手卻在威逼我，讓我不得不爲了維護我人民的權利和財產，再次拔出我的利劍……」

老皇帝顫抖地舉起一隻鴕鳥毛筆，在宣戰書中簽下自己的名字。第一次世界大戰就此爆發。

在寫過的所有故事裡，法蘭茨·約瑟夫眞的是我看過最哀傷的皇帝。他是一位受人愛戴的皇帝，也毫無疑問的是一位勤奮的皇帝，但回顧他的一生，卻是不斷在見證自己珍視的東西一一離開他的生命：女兒、弟弟、母親、兒子、妻子，到最後，則賠上了自己的整個帝國。一戰結束後，奧匈帝國也跟著解體。也許這其中唯一一件稍可告慰的事情，就是他並沒有活著見證帝國最後的滅亡：戰爭爆發後兩年，他便以八十六歲高齡過世。

然而在最後的時刻裡，他仍爲前方戰事焦急不已。他死前的最後一句話，完全就是他畢生爲國效力直至最後一刻的象徵：一九一六年十一月，老皇帝的支氣管炎已併發了肺炎，但儘管發著高燒，他還是死命關注著前線的戰事。當天晚上八點，在醫生「再不休息就會有生命危險」的強烈建議下，老皇帝終於躺上了床，並且說出了他的最後一句話：爲了不耽誤他的工作——

「請在隔天三點半叫我起床。」

歐洲羅曼死關鍵字

#十九世紀 #伊莉莎白歐根妮 #法蘭茨約瑟夫一世
#薩丁尼亞王國 #第二次義大利統一戰爭 #拿破崙三世
#墨西哥末代皇帝 #俾斯麥 #普奧戰爭 #薩多瓦會戰
#奧匈帝國 #斐迪南大公遇刺 #第一次世界大戰

我是從何時開始做錯人生選擇的？

——末代沙皇尼古拉

上一篇，我們說到奧匈帝國茜茜公主的悲劇。但在一次大戰裡，另一個大國俄羅斯情況又是如何呢？他們是不是也在自己的悲劇中呢？接下來，就讓我們看看大戰的另一方——俄國末代沙皇，尼古拉二世的故事吧。

悲喜交加之際，不祥的烏雲已然逼近

一八九四年底，俄國的王儲尼古拉．亞歷山德羅維奇．羅曼諾夫（Nikolai II Alexandrovich Romanov）已經瀕臨崩潰。他的父親：俄國沙皇亞歷山大三世病重已過了十

多天。最後父皇駕崩的消息還是傳了過來，母后聽到後當場暈厥，而「治理世界最大的國家」這個千斤重擔，也正式落到這名二十六歲的年輕人肩上。他心煩意亂，無法理清自己的思緒。在確認要繼位成爲沙皇後，他對身旁的妹夫說道：「桑德羅，我該怎麼辦？……你、我、母親，還有整個俄國，會面臨什麼樣的命運？我從來沒想過要成爲沙皇……」

然而，命運已將這個年輕人推上世界的政治舞臺。朝臣、官員、一幫僕從和整個羅曼諾夫王朝的家族成員圍繞著他形成一個半圓，一同向他宣誓效忠。在這瞬間，尼古拉成爲尼古拉二世，而他的命運也與整個帝國緊緊牽連在一起——

他接手的是大名鼎鼎的羅曼諾夫王朝。在統治俄國的三百多年間，這個王朝出過無數響噹噹的有名統治者：西化的改革者彼得一世、啓蒙的女沙皇凱薩琳大帝，還有擊敗拿破崙的亞歷山大一世。在他的記憶裡，童年一直過得十分平順，然而十三歲時，他卻突然遭逢了一件他永難忘懷的變故：

一八八一年，尼古拉的祖父亞歷山大二世在回到冬宮的路上被人投擲炸彈。老沙皇在這次襲擊中受到了致命傷：整條腿被炸飛、腸子被撕裂出來、臉上則是一片血肉模糊。在一片尖叫聲中，老沙皇睜著唯一一隻完好的眼睛，指著遠方冬宮的方向，用微弱的氣音說著：「帶我去皇宮……我要死在那裡……」

幾小時，老沙皇便宣告過世，尼古拉的父親繼位，他自己則在祖父的鮮血中成為王儲。這件事之後，終其一生，尼古拉的父親都沒有從被暗殺的恐懼中回復過來。他們放著豪華的居所不住，硬是搬進聖彼得堡附近的加特契納宮（Gatchina Palace），住在頂樓的窄小僕人房裡，連多放一架鋼琴的空間都沒有，低矮的屋簷下擺放著幾張桌子、家具，就成為沙皇接見歐洲外賓、度過一生的地方。

等到尼古拉二十歲左右時，他已經成長為一名身材細瘦、家教良好的青年。根據他的堂弟所說，記憶裡的尼古拉，總是帶有一種「溫柔、羞怯，且略帶憂鬱的微笑」。如同當時的貴族青年一樣，尼古拉也脫離了家庭去接受軍事訓練——說是軍事訓練，但其實日子是這樣過的：每天所謂的出操就是去打靶，或做做大隊操練；兩點吃完午飯後，還有一次午睡、一次茶點；晚上八點吃一頓豐盛的晚餐後，尼古拉就跟著與自己一起患難與共（？）的弟兄打打撲克、玩玩骨牌。而這時，他也肩負著跟歐洲所有的王族一樣的任務：結婚、生子。

二十二歲時，尼古拉的感情世界的確開始豐富了起來，他先是遇上了一名十七歲的皇家芭蕾舞劇團舞者。剛開始是女方先採取主動，年輕的女孩每天經過王儲的窗前，久而久之，兩人的關係也越來越近。甚至連他的父皇都曾撞見兩人親暱地談著話，還微笑著對他說：「啊，你們一定是在談情說愛。」（有夠八卦的。）

不過最後兩人終究沒能走在一起。一八九四年，在公路的一輛馬車上，尼古拉終於向女舞者坦白：他無法忘懷另一名女性，他要和她訂婚。女舞者在馬車裡流下了淚，而王儲則騎著馬逐漸遠去，現在的他，要去追尋自己眞正的心上人——德國公主艾麗克絲（Alix von Hessen-Darmstadt）。

事實上，尼古拉和艾麗克絲公主從小就認識了。她是德國黑森—達姆施塔特大公最小的女兒，她的外婆則是鼎鼎大名的英國維多利亞女皇。早在她還在青澀的十二歲時，就曾來過俄國，並遇見了當時十六歲的尼古拉。之後，尼古拉對艾麗克絲的感情越來越深厚，等到自己成年後，也曾在日記裡記下自己迎娶艾麗克絲的決心：「我夢想自己將來能與艾麗克絲結婚。我對她戀慕已久……曾經有一段很長的時間，我一直壓抑著自己的企盼……」

但萬萬沒想到，尼古拉的父母異常反對這場婚事。其中一個原因是尼古拉的父親強烈反德，而母親更是花了大把時間勸說尼古拉放棄這門婚事：什麼穿著不講究、舞跳得不好、說話帶著一種難聽的口音；另外還有什麼太羞怯、太神經質、太傲慢……

面對母親的苦口婆心，通常百依百順的尼古拉此生竟然第一次，也是最後一次反抗了母親。最後，尼古拉終於勉強獲得了父母的同意。一八九四年，艾麗克絲的哥哥舉辦婚禮，尼古拉藉著道賀的機會在聖彼得堡上了火車，他已經下定決心，務必要趁著這次機會向艾麗克絲求婚。他在日記上寫道：「多麼緊張的日子……」

尼古拉萬萬沒想到，這場求婚竟然花了整整一天一夜。

尼古拉從早上十點就開始求婚，但艾麗克絲沒有答應，相反的，她還哭了起來：「不，我不行，我不行。」她的確喜歡尼古拉，但沙皇皇后的責任太重大，爲了結婚而必須從原本的路德派改宗希臘正教，也太困難了。

不過尼古拉沒有退縮，他一再重複說著求婚的話語、表達自己的堅持。到了晚上，尼古拉還多了兩名盟友：艾麗克絲的外婆維多利亞女皇與德皇威廉二世都贊成德俄聯姻。就這樣僵持一整晚後，隔天早上，艾麗克絲終於點頭了！

尼古拉馬上寫信告訴母后這個好消息：「……只有上帝知道我是怎麼了。我像孩子一樣哭了，她也哭了……親愛的媽媽，我無法表達我有多麼幸福。對我來說，整個世界都突然改變了：人類一切對我來說似乎都變成善良的、美妙的和幸福的……我一整天都好像在夢中行走著，我簡直不敢相信自己已經訂婚了！」

然而，這樣快樂的情緒沒有持續太久，因為就在同一年底，俄國皇室突然遭遇噩耗：沙皇亞歷山大三世遭逢重病，即將不久於人世。

艾麗克絲急匆匆趕來俄羅斯，面見這位身材魁梧、卻蒼白氣弱的準公公。在接下來的十天裡，全家人的一切活動都以垂死的父親為中心。尼古拉與艾麗克絲陷入一種由幸福與絕望交織成的狂亂情緒中。這時的尼古拉開始練習閱讀大臣的報告，而母后又太過憂傷，沒有時間與力氣歡迎這位未來的兒媳艾麗克絲；艾麗克絲孤單地待在這個家裡，雖然是未來的皇后，此時卻只是個局外人。最後，一八九四年十一月，亞歷山大三世披著一襲長袍，與世長辭了。

尼古拉悲痛到了極點，他在日記中寫：「我的天！我的天！天旋地轉……我不相信，會發生如此令人難以置信的、可怕的事實！」

因此，婚禮幾乎和葬禮在同一時間舉行。婚禮前一天，新沙皇尼古拉二世陪伴著喪偶的媽媽，什麼話也沒有說，任由各種悲哀、沉痛與歡欣等複雜情緒在空氣中瀰漫交織。二十四小時後，二十一響禮砲正式宣告：婚禮開始了。

接受了東正教的受洗儀式後，德國公主艾麗克絲換上了新的名字，成爲俄國皇后亞麗珊黛。但對丈夫尼古拉來說，在一連串的悼念儀式中結婚，緊接著又是父親的正式喪禮，使他一直沉浸在一種奇怪的情緒裡。他看著眼前繡著金線的天鵝絨禮服、珠寶流水般滑過眼前，「……我始終覺得，這只是在舉行別人的婚禮。」

一年後，父親的葬禮結束，但尼古拉還是閒不下來，因爲緊接著他還必須完成繼位爲沙皇最重要的任務：加冕儀式。

爲了宣告新沙皇的新氣象，加冕典禮的規模前所未有：兩千五百名工作人員動用了百萬尺紅布，把克里姆林宮裡的聖母安息大教堂打造得美輪美奐。五月十四日上午，披著紫袍的新沙皇尼古拉二世將一頂鑲滿鑽石的大王冠戴在自己頭上，並接過象徵皇權的權杖和金球；皇后在這時走向前、跪在沙皇面前，沙皇則將鑽石后冠戴在她頭上。

當天晚上九點，新加冕的皇后亞麗珊黛按下電燈開關，克里姆林宮瞬間大放光明。接下來就是各式各樣盛大的招待會、宴會、祈禱會和閱兵儀式。這是尼古拉做爲帝國統治者後，第一次感受到純然的幸福。但他沒想到，連加冕的慶祝儀式都還沒結束，這樣的幸福感就消逝無蹤——

原來，整個莫斯科的百姓都在瘋狂慶祝加冕典禮。然而就在前一天晚上，有超過五十萬民眾聚集在一個叫霍丁卡廣場的地方。隔天早上，爲了搶奪免費贈送的禮物，成千上萬名民眾被推倒在地上，人們互相踐踏、呼喊、哭泣，慘叫聲響徹了整個廣場，最後釀成了兩千多人傷亡的恐怖案件，其中大多數都是婦孺。

消息很快傳到沙皇耳中，雖然現場馬上就被清理乾淨。但當天下午，沙皇家族就爆發了嚴重的爭吵，爭論的原因在於：在悲劇發生後，是否還要繼續參加接下來在法國大使館的舞會？

沙皇的叔父強烈建議沙皇不要前往：「不要忘記，這些男女老少的鮮血將永遠會是你統治生涯的一個汙點；你無法喚回死者性命，但至少可以表達你的同情。別人也不會見縫插針地說：當那些人被運往墳地時，年輕的沙皇正在跳舞！」

但另外一派的人則認為外交禮儀不可不顧。最後，沙皇採取了折衷方案：只出席一個小時便離開。

然而這起事件卻彷彿是個不幸的徵兆，它起初只像遠方天邊的一抹烏雲，卻越來越擴大，最終成為鋪天蓋地的狂風暴雨……

每個王族都逃不掉的任務，卻讓沙皇夫婦活在地獄

身為沙皇最重要的任務之一，自然是為帝國誕下能繼承皇位的繼承人。

就在那不祥的加冕典禮一年後，帝國終於傳來了好消息。聖彼得堡的砲兵都在大砲

旁待命，等待新皇后亞麗珊黛即將臨盆的消息。按照傳統，如果生下的是一名女嬰，就放一百零一響禮砲；如果是男嬰，則是三百響。

大砲轟然響起。九十九、一百、一百零一響後，一切卻歸於沉寂——這宣告了皇后生下一名女嬰。

但沙皇夫婦仍然非常開心，當時兩人都很年輕，何愁生不出男孩。尼古拉二世在日記中寫道：「我簡直不敢相信，這眞的是我們的孩子！天哪，這是多麼幸福啊！」皇后親自爲嬰兒哺乳、洗澡，當嬰兒睡著時，皇后就坐在小床邊，親手爲小公主編織衣服帽子和襪子。

一年半後，第二名女嬰出生了。沙皇在日記中寫：「我們家庭生活中第二個幸福的日子：今天早上十點四十分，上帝賜予我們一個女兒。」

過了一年，第三名女嬰來到世上。沙皇的妹妹寫道：「不是兒子，眞令人失望……當然，無論如何我們都很高興——無論是兒子還是女兒！」

一九〇一年，尼古拉二世第四個，也是最小的女兒安娜塔西亞誕生。但此時，那種歡樂的氣氛已徹底消失無蹤；如今，就連沙皇最親近的家人都充滿了失望之情。當尼古拉的妹妹在遊艇上接到消息時，竟仰天長嘆了一口氣：又是個女兒！

可想而知，這些風言風語都傳進了沙皇夫婦的耳朵。雖然表面上毫無異樣，但皇后亞麗珊黛承受了極大的心理壓力，以至於她在生出最小的公主後不久，竟然出現了假懷孕的症狀——通常都是由於精神焦慮或強烈的願望所導致的。一九〇四年，極度渴望一個兒子的沙皇夫婦，終於在一片黑暗中看見了一絲明亮欣喜的曙光——那是一個炎熱的中午，沙皇夫婦剛喝完午餐的湯，皇后就告退回到自己的房間，一小時後，一名健康的男孩就出世了。

聖彼得堡的砲兵轟隆隆放了三百響禮砲，快樂與悲傷的情緒同時瀰漫在這個國家和全家人心中。

尼古拉沙皇在日記寫道：「偉大而難忘的一天！……我已經沒有任何語言可以表達對上帝的感謝，是祂在這麼痛苦的考驗中給我們帶來了安慰！」連皇后的信件也是如此：「……人們清楚地知道，爲什麼上帝會在這一年把他帶來給我們……他是一縷眞正的陽光。上帝沒有忘記我們，這是眞的！」

孩子的誕生帶給了整個國家希望。然而這樣喜悅的心情卻沒能持續太久，因爲在遙遠的東方，與日本的戰火正像沉悶的雷聲，很快就會在這個國家掀起狂風暴雨——

來自東方的戰鼓聲

事實上，王儲出生時，正是日俄戰爭的高峰時刻。

早在十年前，爲了中國的天然良港旅順，日俄兩國就已埋下了衝突的種子。之後，日本屢屢向俄國提出建議：由俄國保有中國東北，日本則可以在朝鮮爲所欲爲，不過都毫無下文。

終於，一九〇四年二月，已經做好一切準備的日本對俄羅斯遠東艦隊發動奇襲。當天晚上，尼古拉沙皇剛看戲回來，就收到俄羅斯遠東總督的電報：「午夜左右，日本驅逐艦突然襲擊停泊於旅順外港之我國艦隊。主力艦沙皇太子號、巡洋艦均被擊毀。損失詳情正在清查中。」

尼古拉驚呆了。當天晚上他就把這封電報記在日記裡，並附上兩句話：「未經宣戰，就做出這種行爲。願上帝幫助我們。」

隔天早上，大批熱情群眾已經聚集在冬宮前。日俄戰爭隨即展開——

剛開始的時候，俄國其實對戰勝日本信心滿滿。然而，俄羅斯的重兵都部署在西邊，而補給也是一大問題：當日本的物資源源不絕地從海上運來時，俄羅斯卻必須靠一條將近一萬公里的西伯利亞鐵路來運輸大砲、軍火、食物與部隊。

至於海軍方面，在最初日軍的奇襲後，俄國大部分戰艦就遭到對方的水雷封鎖。四月十八日，俄國太平洋艦隊主力艦試圖從俄羅斯在東亞的最大軍港旅順突圍，卻不幸撞上一枚水雷沉沒，共造成七百人喪生。尼古拉寫道：「我心中整天都在想著這個可怕的打擊……願一切事情都按上帝的意旨成就，但我們這些可憐的蒼生必須懇求上帝發慈悲。」

隨著戰事失利的消息接連傳來，就連王儲的誕生都無法掩蓋國內民眾的失落。在絕境下，俄國想出了一個瘋狂的計畫：下令俄國波羅的海艦隊繞過非洲和太平洋，從日本後方進行奇襲！但當下就有人對沙皇提出警告：這會把整個艦隊帶入絕對的毀滅！

但尼古拉心意已決。一九〇四年十月，尼古拉接受艦隊的最後敬禮。沙皇眼見那支由灰色主力艦和巡洋艦所組成的艦隊緩緩離開、駛進波羅的海時，尼古拉只能在心底祈求上帝保佑它的航行，「讓它平安到達目的地，為了俄國的安全和幸福，完成它可怕的使命……」

但上帝沉默著。一九〇四年底，日本陸軍對俄國旅順駐軍發動總攻擊。儘管四萬名俄國士兵用馬克沁重機槍放倒了一排又一排的日軍，但最後在榴彈砲的掩護攻擊下，日軍終於奪得關鍵高地，一九〇五年一月，旅順宣告失陷！

旅順失陷的消息立刻引發各地民眾的怒火。在首都聖彼得堡，造船廠、織布廠和其他工廠紛紛罷工，領導整場反抗運動的人是一位名叫蓋朋（Georgi Gapon）的神父。這位神父心中有一項奇特的情懷：他認為窮苦的勞工是遭到無良的資本家所剝削，但沙皇會和人民站在一起。他號召工人一同前往沙皇所居住的冬宮，並向沙皇提出請願。

蓋朋神父一直有個美好的想像：冬宮下方萬頭鑽動，所有的臣民都在引頸期盼，而那位被稱爲「俄國人民之父」的沙皇尼古拉二世會站在陽臺上，不負大家的期望，把受苦人民從那些邪惡的壓迫者中解救出來。然而事實上，直到遊行前一天晚上，尼古拉本人才知道第二天可能發生的事情。

一九〇五年一月的早晨，凜冽的寒風吹來一陣陣白雪。冬宮前面巨大的廣場上很快聚集了數以萬計的民眾，並開始他們的請願：

「統治者！我們，聖彼得堡的工人，和我們的妻子、子女和年邁無助的父母，來向您尋求眞相及保護……」

「……我們身陷貧困、背負著艱苦的工作，卻受到侮辱……我們忍受了一切，但我們卻越來越被推向深淵的更深處……」

不知從何時開始，情況逐漸失控，有人先開了第一槍。這一槍徹底觸動了官方的敏感神經，立刻下令：武力鎮壓！

接下來，子彈射進了男女老幼的身體裡，堅硬的積雪上面沾染了一塊塊深紅色的血跡。根據官方數字，這場失控最後共造成近百人死亡、數百人受傷，但實際的傷亡遠超過這個數字。

最重要的是，這天是俄羅斯歷史上的轉捩點。這起日後被稱爲「血腥星期日」的事件，打碎了俄羅斯人民對沙皇的敬愛與信念。當子彈紛紛射穿群眾身體與手上的聖像時，現場到處充滿了尖叫和高呼：「沙皇不幫助我們了！」過了不久，民眾甚至認爲這根本不是突如其來的悲劇，從頭到尾都是計畫好的，而幕後的策畫者就是沙皇本人！

蓋朋神父最後也從一名溫和的請願者變成了革命黨。他發出一封公開信給沙皇：「你是俄羅斯帝國的靈魂謀殺者！工人們，和他們妻子兒女的無辜鮮血，將永遠橫在你和俄國人民之間……你這個劊子手！」

變調的帝國

從此以後，俄羅斯的罷工、革命與謀殺事件便層出不窮。在血腥星期日過後三週，尼古拉的叔叔在乘坐馬車時，突然有人從窗外丟進一枚硝化甘油炸彈，還直接落在大公的腿上。

「砰」的一聲，大公的頭部、身體與四肢當場被炸飛，大公夫人也在接到消息後匆匆忙忙趕到現場。現場的殘酷景象讓她整個人愣住，但隨後，她勇敢地跪在雪地中，親手撿拾亡夫的遺骸，默默放到擔架上。之後，她要求面見凶手。根據副官的說法，兩人的會面非常令人動容。他們會面的情景是這樣的：

凶手對夫人說：「夫人，請不要哭泣。這件事必須發生。」

夫人回答：「做這樣的決定一定讓你飽受痛苦。」

凶手：「是的，我和其他數百萬民眾一樣飽受痛苦。鮮血灑滿了四處，我們卻別無選擇，只能用這樣的方式抗議這個灰暗的政府和可怕的戰爭……您肯定知道，當工人們要求面見沙皇時，他們對工人做了什麼。你們向人民宣戰，而我們接受了挑戰。」

夫人回：「你眞的認爲，我們沒有經歷痛苦嗎？你認爲我們不想爲人民的幸福做點什麼嗎？」

凶手：「您現在承受了苦難。但是就幸福而言，我們早已毫無幸福。」

在會面的最後，大公夫人做出了一項非凡的舉動。她說，自己會爲凶手祈禱，之後她便遞給對方一張聖像。當然，這一切都是根據副官的說法，無人知曉眞實的對話是否就是如此。五月二十三日，刺殺大公的凶手被執行死刑，而就在短短四天後，繞過半個地球的俄羅斯艦隊終於與日本艦隊相遇了。

五月二十七日凌晨，俄國波羅的海艦隊出現在日本與朝鮮半島之間的對馬海峽。下午將近兩點，日俄艦隊相距十二公里，日本艦隊司令東鄉平八郎升起代表沒有退路的Z字旗，公告艦隊：「皇國興廢在此一戰，諸君一同努力！」

具有機動優勢的日本艦隊最終搶在俄國艦隊前面，擺出一條長達七公里的陣勢，將砲火對準俄國軍艦，一艘接著一艘轟擊。在日本砲彈的攻擊下，俄國軍艦炸的炸、沉的沉，繞過半個地球的波羅的海艦隊僅在兩天內便宣告灰飛煙滅。尼古拉在火車上接到這項痛苦的消息。最後，他找來了自己的陸軍部長，在一次長談後，決定與日本和談，正式結束日俄戰爭。

對尼古拉來說，一九〇五年是痛苦的一年。戰敗、革命、謀殺充斥著整個國家，然而埋在尼古拉心中最深的憂慮卻不是這些事情。他一切焦慮的根源，也是日後帝國毀滅崩潰的第一個徵兆，卻是出現在皇太子的肚臍上。

在太子出生六星期後，尼古拉夫婦驚覺：小王子的肚臍開始無緣無故出血……

原來，當年尼古拉的母親之所以極力反對他迎娶亞麗珊黛皇后，除了因爲她是德國人，另外一個原因，則要追溯到女方的外婆維多利亞女皇身上，這位爲英國帶來繁榮的長壽女皇，其實帶有一種導致出血難止的遺傳性疾病基因。如今，沙皇夫婦最深的憂慮成爲了現實：太子遺傳到了，血友病。

不忍兒子受苦，絕望的媽媽找上了……他

血友病是一種遺傳性疾病。這種病症會讓血液無法凝固，並增加關節積血或腦出血的機率。當血液流進關節的時候，會壓迫神經，引起非常可怕的疼痛。

這對沙皇夫婦來說無疑是種永恆的折磨，尤其是皇后。過去十年來，她殷殷企盼自己能生個男孩子，而上帝也似乎眞的聽見了她的請求，賜給她一名男嬰——看起來多強

壯、健康的小男孩。但這一切都只是表象，幾個月後，小王子開始學習走路，但每當他跌倒的時候，他肥肥胖胖的四肢就會出現瘀傷，最後變成深藍色的腫塊。上一分鐘，王子可能還在快樂地遊玩著；但下一分鐘，他或許就會跌一跤、開始出血，接著漸漸被帶到死亡的邊緣。王子發病時，劇烈的疼痛會把他的一切意識消磨殆盡，只剩下最本能的意識不斷叫喊著：「媽媽，救救我、救救我！」

但這時，皇后只能坐在床邊無計可施。最後，絕望的皇后只好去尋求超自然力量的幫助，最後她找到的，就是有名的那位格列高里·拉斯普欽（Grigori Rasputin）。

拉斯普欽是一名神祕主義大師。外表豪放不羈的他總是穿著一身簡陋的農民罩衫，口袋形的褲腳則塞在一雙劣質皮靴裡。而且他從不洗澡，當他伸出手時，可以看見他的指甲縫全是黑的，鬍鬚也糾纏在一起。不過他最引人注意的地方，是他的眼睛。根據當時的人們表示：「……那兩隻眼睛是淡藍色的，非常燦爛、深邃，且富有吸引力。他的凝視既鋒利逼人，又充滿撫愛之意；既天真又狡詐，既遙遠又專注……」

一九〇六年開始，拉斯普欽在他人介紹下，開始與沙皇一家有所接觸。一年後，一起意外發生了：太子在花園玩耍時，不小心傷到腿部，迅速引發了嚴重的內出血。沙皇一家看著危在旦夕的太子，看著他小小的身體因爲疼痛而蜷曲、腿部跟著嚴重腫脹，群醫卻束手無策，似乎已經放棄了所有希望。

午夜過後，絕望的皇后請來了拉斯普欽。萬萬沒想到，拉斯普欽抵達後，什麼也沒做，單純只是在床邊祈禱。就在此時，神奇的事情發生了：太子的情況竟逐漸好轉，燒退了，腿也消腫了，眼神清澈而明亮——

從那時起，拉斯普欽成爲沙皇一家的聖人。

拉斯普欽在俄羅斯政治圈中的地位快速提升。但很快的，針對他私德的批評與傳言也迅速擴散開來：傳言他酗酒、召妓，甚至爲聖彼得堡好幾位貴族女性提供精神指導和性服務，有關他種種干涉內政的傳聞與性醜聞更是甚囂塵上。人們繪聲繪影，描述年輕漂亮的四位公主如何在長老面前沐浴、換上雪白睡衣，最後被帶上床睡覺；甚至有流言直指：皇后本人也與這個色情狂有染！一九一二年，一封皇后寫給拉斯普欽的信件被公開，引爆聖彼得堡所有輿論：

「我親愛而永難忘懷的導師、贖罪者和顧問……

「我的導師，當你坐在我身旁時，我的靈魂是安靜的，身心都覺得輕鬆。我吻你的手，把頭倚在你神聖的肩膀上。啊，在那個時候，我是多麼愉快。我只想著一件事情：睡著，睡著，永遠睡在你的肩上和懷抱之中……你能很快再來到我的身邊嗎？快來吧！我在等待著你，我在爲了你而折磨自己。我在祈求你的神聖祝福，我在吻你神聖的手。我永遠愛你……」

這封信一公開，馬上就引發了各式各樣的聯想。不過就在這樣風雨欲來的情況下，一聲來自塞拉耶佛的槍響，揭開了第一次世界大戰的序幕——

開戰初期，沙皇的聲望來到了巔峰。戰爭爆發那天的冬宮廣場上，到處都是擁擠的人潮，每個人都舉著旗幟、聖像和沙皇的肖像。當時的見證者回憶，突然間，每個人都屈膝跪下了，俄羅斯讚美詩的音符悠揚響起。在那一刻，在當時人山人海的群眾心中，

「沙皇看上去確實成了君權神授的統治者，是他萬千子民在政治上和宗教上的領袖，是每一個軀體和靈魂的主人。」

尼古拉本人也回應了民眾的期待，他在冬宮聖喬治大廳，對民眾說出了一個世紀前，沙皇亞歷山大一世對抗拿破崙入侵時那句最重要的名言：「只要我們家園的土地上還有任何一名敵方士兵，我就不會締結和平！」

王朝末日

那時的他大概萬萬沒想到，這場戰爭最後竟把整個俄羅斯推向無盡深淵，更葬送了羅曼諾夫王朝長達三百多年的統治。戰爭期間，整個政府充滿了混亂與貪汙。人們痛恨皇室、痛恨出身德國的皇后亞麗珊黛，更對拉斯普欽深惡痛絕。戰爭爆發兩年後，憤怒的俄羅斯人暗殺了拉斯普欽，這時民怨可說已是野火燎原，到隔年年初徹底爆發。

一九一七年二月，由於運送效率不佳導致物資短缺，民眾在零下十四度的氣溫下，每週至少要排上四十個小時的隊伍以購買基本物資。民眾的情緒從忍耐到痛苦，最後轉變爲憤怒。在一次衝突中，忍無可忍的民眾開始朝著麵包店櫥窗扔石塊，不滿的情緒很快蔓延到整個城市。人群再次走上街頭，站在麵包店前大聲呼喊著：「麵包！麵包！」

二月二十六日星期日，灰濛濛的天空降著雪。這時的沙皇正在望彌撒，但突然間，他感覺自己的胸部開始劇痛。「我幾乎站不起來、額頭滿是汗水……」

尼古拉的預感沒錯。此時，示威遊行的人數已經高達三十萬人，而且有如野火燎原，到處都彷彿變成無政府狀態。一位美國人看見一群婦女跪在地上，把一具具警察屍體砍成碎片，甚至看到一名女子徒手撕開一具死屍的臉！

國家杜馬（下議院）主席急急忙忙發了一封電報給沙皇，裡頭是驚心動魄的文字：「……內亂已達到令人震驚的程度……政府完全癱瘓、無法恢復秩序。陛下，請您拯救面臨屈辱的俄羅斯吧。」

但要怎麼救？最後，已成立的臨時政府代表前來面見沙皇，向他報告首都的局勢：革命者已完全控制聖彼得堡，軍隊也已全數倒戈。「您們所有的反抗都是無益的，您必須退位。」

沙皇的表情出乎意料的平靜安詳，最後他回答：「我接受。」

他在退位詔書上簽字後幾天，一名將軍稟報尼古拉：「現在起，您被逮捕了。」

龐大的俄羅斯帝國，就這樣在一夕之間徹底崩塌了。

剛開始，遜位的沙皇一家生活倒是滿平靜的。沒想到當年十月，臨時政府就被推翻：列寧領導的布爾什維克黨發動十月革命，正式獲得了統治權，建立俄羅斯蘇維埃聯邦社會主義共和國（蘇俄）。

事實上，光是王室一家的存在，就讓新的蘇俄政府如坐針氈。新政府害怕保王黨將劫走沙皇一家，並以他們爲號召反抗蘇俄，因此從那時起，沙皇一家就被不斷遷移，生活條件也越來越艱困。最後，他們被轉送到偏遠的葉卡捷琳堡。

他們的食物非常不足，住的地方沒有床單，更別提士兵還天天騷擾他們——在浴室牆壁畫了淫穢的圖像，並寫下各種關於皇后的淫穢詩篇。到了一九一八年七月中旬，一支不明部隊正逼近王室所在的葉卡捷琳堡。這讓當地的蘇維埃（由一般民眾組成的議會）大爲緊張：這是來拯救王室的部隊嗎？

必須在對方救出沙皇前處決他們！

七月十七日午夜剛過，蘇維埃的士兵就喚醒了沙皇一家，告知他們：此地即將發生混亂，王室一家必須立刻轉移到另一處安全之所。最後，沙皇家族被帶到一處半地窖裡，沒過幾分鐘，一支大約二十人的部隊就走了進來，對尼古拉大聲宣讀：「尼古拉・亞歷山德羅維奇，鑑於你的親屬對俄羅斯蘇維埃的持續攻擊，委員會決定處決你！」

尼古拉一時沒意會過來：「什麼？什麼？」

一群士兵已經舉起武器，整個地窖頓時槍聲大作。根據命令執行者回憶：「……我看到沙皇、皇后、四個女兒和沙皇太子都躺在地板上，身上有許多傷口……我到的時候，皇太子還在呼吸，痛苦地呻吟著。」

這時另一名執行者走過去，近距離對太子開了兩、三槍。

沙皇一家就這樣遇害了。而本書所有王族的故事，也就此告一段落了。

看到這裡，不禁感覺有些唏噓。我們本來以爲，那些王族擁有整個國家，本來就應該過著幸福快樂的日子，卻沒想到每個人還眞的都有各自的地獄。像末代沙皇尼古拉，寫他的故事時，我一直在想：他是在哪一步選錯了人生的選項呢？如果當時不做什麼事情，是否就能徹底改寫他的命運？

也許從結婚時開始，尼古拉的不幸就隱約成形。但也是在寫這段故事時，我無意間看到了尼古拉夫婦的一組日常生活照。照片裡，年輕的沙皇夫婦正和朋友們在鄉村別墅裡嘻笑打鬧，甚至還有皇后做鬼臉的照片（而且眞的很醜XD）。

照片裡的他們多麼開心啊。這樣的婚姻，怎麼會是錯誤的婚姻？怎麼會是不幸的婚姻呢？

只能說身在帝王家，歡笑、哭泣、愛戀……所有的情緒都不在考量裡。這裡是最華美的王宮，卻也是最冰冷的囚籠。寫完這些王子公主的故事後，我一直在想，如果能夠問他們：「人生最幸福的事情是什麼？」他們會怎麼回答呢？

我想，他們的答案也許會出乎意料的平凡：與三五好友相伴、偶一爲之的旅行、與自己所愛之人共組家庭，最重要的是，發自內心地歡笑著……

（全文完）

歐洲羅曼死關鍵字

#末代沙皇　#羅曼諾夫王朝　#日俄戰爭　#血腥星期日
#血友病　#拉斯普欽　#第一次世界大戰　#俄國二月革命
#布爾什維克黨　#十月革命　#蘇俄　#金牌特務

大事年表

在婚姻中接連觸礁，卻在事業裡找到自我
——奧地利的瑪格麗特

1480　奧地利的瑪格麗特出生

1483　奧地利的瑪格麗特第一次婚姻（法國），十年後失敗

1497　奧地利的瑪格麗特第二次婚姻（西班牙），六個月後失敗

1502　奧地利的瑪格麗特第三次婚姻（薩伏依），兩年後失敗

1515　瑪格麗特的對手·路易絲的兒子弗朗索瓦繼任法國國王（弗朗索瓦一世）

1519　神聖羅馬帝國皇帝馬克西米連一世駕崩，新的皇帝爭奪戰開始

渴望掌聲，渴望愛，卻終究失去所有愛
——血腥瑪麗

1516　英女王瑪麗一世出生

1533　坎特伯雷大主教托馬斯·克蘭默正式宣告英王亨利八世與元配凱薩琳婚姻無效

1536　亞拉岡的凱薩琳去世（一月），安妮·布林被處死刑（五月）

1553　英王愛德華六世駕崩，瑪麗一世繼位

1554　教宗批准恢復英國的《異端法》

1558　英女王瑪麗一世駕崩，伊莉莎白繼位

凡事忍，一直忍，最後忍極生悲

——凱瑟琳·德·麥第奇

1519　凱瑟琳·德·麥第奇出生

1533　凱瑟琳·德·麥第奇與法王次子亨利（後來的亨利二世）成婚

1559　法王亨利二世駕崩，凱瑟琳熬成太后

1561　法國新舊教於普瓦西舉辦會談、簽署《七月敕令》，新教獲勝

1562　舊教對新教挑起普瓦西大屠殺，第一次宗教戰爭爆發

1567　法國新教徒出兵準備綁架法王查理九世

1572　法國瑪格麗特公主（瑪歌皇后）出嫁、爆發聖巴托羅繆日大屠殺

旁人眼中的驚世駭俗，也許只是他想被看見的聲聲呼喚

——奧爾良公爵菲利普

1638　法王路易十四出生，兩年後弟弟奧爾良公爵菲利浦出生

1648　投石黨之亂爆發，路易十四和安妮太后離開巴黎避難

1666　安妮太后駕崩

1677　卡塞爾戰役（法荷）爆發

1715　路易十四駕崩

她用一生來證明：治國看能力不看性別

——瑪麗亞·德蕾莎

1717　奧地利的瑪麗亞·德蕾莎出生

1740 腓特烈二世即位（五月）
神聖羅馬帝國皇帝查理六世駕崩，瑪麗亞·德蕾莎繼承奧地利大公之位（十月）
普魯士入侵西里西亞（十二月）
1756 普魯士進攻薩克森，七年戰爭開始
1762 俄國伊莉莎白女沙皇駕崩，彼得三世即位，「布蘭登堡王室的奇蹟」出現
1786 腓特烈大帝駕崩

不用羨慕別人浮華，你不知道她得付出什麼代價
——瑪麗·安東尼

1770 瑪麗·安東尼嫁至法國
1774 法王路易十六即位
1789 路易十六召開三級會議、國民議會成立、法國大革命爆發
1791 路易十六出逃
1793 路易十六和瑪麗王后遭處刑

她是歐洲最美的皇后，不幸卻在華麗婚禮後悄然來臨
——茜茜公主

1837 伊莉莎白·歐根妮（茜茜公主）出生
1854 茜茜嫁至奧地利
1859 第二次義大利統一戰爭爆發
1866 普奧戰爭爆發，奧地利戰敗
1914 奧匈帝國王儲斐迪南大公遇刺身亡，一戰爆發
1916 奧地利皇帝法蘭茨·約瑟夫一世病逝

我是從何時開始做錯人生選擇的？
——末代沙皇尼古拉

1894　俄國沙皇亞歷山大三世逝世，尼古拉二世即位，並與德國公主艾麗克絲結婚

1904　俄國王儲亞歷克謝出生，日俄戰爭爆發

1905　俄國「血腥星期日」事件

1917　俄國二月革命爆發，尼古拉二世退位，俄國十月革命爆發

1918　尼古拉二世一家遭處決

編按：作者於本書所援引的相關文獻，讀者可至「圓神書活網」（www.booklife.com.tw）搜尋本書書籍頁面取得。

國家圖書館出版品預行編目資料

海獅說歐洲王室羅曼死／神奇海獅著；布萊絲繪 --初版--
臺北市：究竟，2022.06
256 面；14.8×20.8公分 --（歷史：78）

ISBN 978-986-137-372-0（平裝）
1. CST：傳記　2. CST：歷史　3. CST：歐洲
784　111005587

Eurasian Publishing Group
圓神出版事業機構
用心與你對話．視野無限寬廣
究竟出版社
Athena Press

www.booklife.com.tw　reader@mail.eurasian.com.tw

歷史 078

海獅說歐洲王室羅曼死

作　　者／神奇海獅
繪　　者／布萊絲
發 行 人／簡志忠
出 版 者／究竟出版社股份有限公司
地　　址／臺北市南京東路四段50號6樓之1
電　　話／（02）2579-6600・2579-8800・2570-3939
傳　　真／（02）2579-0338・2577-3220・2570-3636
總 編 輯／陳秋月
副總編輯／賴良珠
專案企畫／賴真真
責任編輯／林雅萩
校　　對／神奇海獅・林雅萩・郭雅慧
美術編輯／金益健
行銷企畫／陳禹伶・鄭曉薇
印務統籌／劉鳳剛・高榮祥
監　　印／高榮祥
排　　版／莊寶鈴
經 銷 商／叩應股份有限公司
郵撥帳號／18707239
法律顧問／圓神出版事業機構法律顧問　蕭雄淋律師
印　　刷／祥峰印刷廠
2022年6月　初版

定價 340 元　ISBN 978-986-137-372-0

FORTVNE
INFORTVNE
FORT
VNE